Wenn Nilpferd, Maus und Motte schmunzeln

60 Tiergedichte und Geschichten
von Hans Jürgen Sittig

und

15 „klassische" Tiergedichte
von Lessing, Goethe, Heine, Busch,
Morgenstern, Rilke und Ringelnatz

Über den Autor:

Hans Jürgen Sittig wurde Ende des 20. Jahrhunderts
(vermutlich 12.10.1957) zu Füßen gefährlicher Vulkane in
einem abgelegenen Bergdorf in der Eifel namens Mayen
geboren, wo zuvor auch Mario Adorf seine Schulzeit und
Jugend verbracht hatte.
Als Biologiestudent entdeckte er auf Lappland-Reisen seine
Leidenschaft für das Fotografieren und schrieb und
fotografierte schließlich für 29 verschiedene deutsche
Magazine und Zeitschriften. Es folgten mehr als 30
Fotokunstkalender, 10 Bildbände, 1 Geschichtsbuch, 4 Eifel-
Krimis und der Gedichtband „Honigmuscheln".
Als Hobby spielte er - neben Klavier - 8 Jahre Theater in
Wuppertal und von 2001 bis heute in 28 verschiedenen kleinen
TV-Serien für Privatsender in München und Köln.
Inzwischen lebt Sittig wieder in Bonn und hat nun seine
schönste späte Berufung gefunden – als „Opa".

Wenn Nilpferd, Maus und Motte schmunzeln

Herstellung und Verlag:
BoD - Books on Demand, Norderstedt

ISBN: 9783756843756

Wenn Nilpferd, Maus und Motte schmunzeln

Inhalt

Fünfzehn „klassische" Tiergedichte:

Abschließende Anmerkungen zu einigen der erwähnten Tierarten
(in alphabetischer Reihenfolge)

9

Ein Schmetterling

Er ist ganz zart und oft sehr bunt,
hat niemals einen vollen Mund.
Auf Waagen kann man ihn kaum wiegen
und er macht keinen Lärm beim Fliegen

Den Winter mag er gern verpennen,
jedoch mag er den Müll nicht trennen.
Beim Trinken meidet er die Flaschen
und auch beim Einkauf schwere Taschen.

Er nimmt das Leben ziemlich leicht,
weil solch ein kleiner Kopf nicht reicht
für langes tiefes schweres Grübeln.
Das sollten wir ihm nicht verübeln!

Katz und Maus

Die Katze sprach zur Maus ganz lieblich:
„Was bist Du doch so süß und niedlich -
wir sollten eine Freundschaft pflegen."
Die Maus erwiderte verlegen:

„Ich neige ja nicht zu Beschwerden,
doch was wird später einmal werden?
Fällt unsre Freundschaft dann mal weg,
bin ich für dich nur noch ein Snack!"

Eine Motte

Otto, eine Kleidermotte,
verliebte sich in eine Sprotte.
Doch fand er das Kuscheln ziemlich krass,
denn SIE war ständig ziemlich nass.

Auch IHRE Liebe wurd bald schlapp,
denn seine Flügel färbten ab.
Das Ende war schon abzusehen,
SO konnte es nicht weitergehen.

Nun bleibt er an Land und Sie im Gewässer.
Seitdem geht's den beiden auch wieder besser.

Ein Wurm

Von einem Turm da sah ein Wurm, da kam ein Sturm:
Worauf der Wurm sich flugs in seinem Loch
verkroch.
Ein Falter in des Wurmes Alter, der bettelte und
flehte, dass er zur Sicherheit doch auch des Wurmes
Loch betrete! Was dieser ihm verwehrte,
worauf es diesen Falter ziemlich weit verwehte.
Und die Moral von der Geschicht?
Bei Stürmen fragt man Würmer besser NICHT!

Ein Pferd

Ein Pferd steht meistens auf vier Beinen.
Das ist auch schon so bei den Kleinen.
Doch steht es mal auf EINEM Bein,
dann wird was nicht in Ordnung sein!

Der Frosch Caruso

Caruso hieß ein Frosch, ein dicker,
mit Augen gelb und groß wie Klicker.
Der lebte ganz für seine Pflicht:
Die Arie im Abendlicht.

Die andern Frösche hatten's schwer,
sein Sang war schmerzhaft für's Gehör.
Sie konnten sich nicht dran gewöhnen –
an sein Konzert aus falschen Tönen.

Als Publikum war'n auserkoren
fast alle Tiere – ohne Ohren!
Auch Fische, Molche, Wasserschlangen
konnt' er mit seinem Charme umfangen.

Dann fing er immer früher an
mit falschem Ton im Froschsopran.
Doch störte das nicht das Entzücken
von Egeln, Asseln und von Mücken.

Entsetzen machte dann die Runde,
als er auch sang zur Mittagsstunde.
Selbst Opa Frosch, mit Stock und Gicht,
verzog ganz furchtbar sein Gesicht.

Doch größer wurde noch der Schrecken:
Er wollt die andern singend wecken.
Und zu der allerfrühsten Stunde
quoll schon Gesang aus seinem Munde.

Verzweiflung machte sich jetzt breit:
Der Schwarzspecht trug ein Trauerkleid.
Dem Biber riet die Krankenkasse,
dass er die Biberburg verlasse.

Man fragte nach beim Präsident,
weil der doch jede Antwort kennt.
Dem roten Kreuz sandt' man ein Fax
und bat um drei Sack Oropax.

Dort war man gänzlich überfordert.
Ein Krisenstab wurde beordert:
Man wusste nicht des Preises Höhe
bei Oropax für Wasserflöhe.

So kam sie denn zu spät – die Hilfe.
Und Panik lag über dem Schilfe.
Und Freund und Feind, sogar der Reiher,
sie flüchteten zum nächsten Weiher.

14

„Caruso" nahm das gar nicht wahr
in seinem Rausch als „Opernstar".
Er sang noch lauter und ganz munter
und tauchte nicht ins Wasser unter,

als dieser Vogel schwebte nieder,
gelockt durch seine „schönsten" Lieder.
„Caruso" sagte: „Still – und horch",
doch fraß ihn dann der Storch.

Und die Moral von der Geschicht?
Die wusste Opa Frosch trotz Gicht:
Man sollte manche Namen meiden,
damit nicht alle drunter leiden!

Ein Glück nur: Hätte man „Nero" ihn genannt,
dann wär' der Teich wohl abgebrannt.

Ein Huhn

Es war einmal ein Huhn,
das wollte Großes tun
und sogar Opern singen
und wie Netrebko klingen.
Doch wie sehr es auch rackerte:
Es blieb dabei - es gackerte.

Das Glück des Nilpferds

Das Nilpferd Gerd war ziemlich eitel
vom hintern Ende bis zum Scheitel.
Er hasste auch sich zu versauen
und ließ sich eine Dusche bauen.

Gerd mied auch seine Artgenossen,
die sich zu gern mit Schlamm begossen.
Stattdessen ging er eig'ne Wege
und frönte oft der Körperpflege.

Trotzdem war er von sanftem Wesen
und liebte sehr das Zeitungslesen.
Da las er eines Tags von Pferden,
den sicher schönsten Tier'n auf Erden.

Ein Foto brachte den Beweis:
Darauf ein Schimmel, groß und weiß
mit schwarzen Augen voller Glanz
und hinten dran – ein Pferdeschwanz.

Jetzt wusste Gerd was er begehrte,
was er als Pferd vom Nil entbehrte.
Sein Pferdeschweif – das war der Gipfel –
war lediglich ein kleiner Zipfel.

Ein Schmerz den armen Gerd durchzuckt,
im Lexikon stand abgedruckt:
Das Nil-Pferd sei verwandt mit Schweinen,
mit großem Kopf und Schwanz, 'nem kleinen.

Die Nachricht tat den Gerd entsetzen
und in der Seele tief verletzen.
Sein Selbstbewusstsein wurd' ganz klein,
denn jetzt war klar: Er war ein Schwein

Wie sollte er das nur ertragen?
Sein Kummer schlug ihm auf den Magen.
Drei Tage lag er in der Ecke
in einem seiner Grasverstecke.

Bis Harald sein Cousin ihn fand.
Der nahm ihn mit zum Badestrand
und sprach: „Ein Bad wird dich gewiss kurieren,
Du musst es einfach mal probieren."

So prüfte Gerd mit großem Zeh
den Schlamm – und der tat gar nicht weh.
Und langsam glitt er ins Gewässer
und bald schon ging es ihm viel besser.

Seitdem lebt er ganz unverdrossen
inmitten seiner Artgenossen.
Vom Kummer konnt' er sich befrei'n,
denn auch ein Schwein kann glücklich sein.

Ein Specht

Um Mitternacht klopft ein verwirrter Specht
ganz heftig an der Bäume Rinden.
Davon wird ihm ganz schlecht.
Ein Habicht ruft: „Du sollst doch nur ne Made finden
und nicht die Bäume fällen!
Doch wenn du drauf bestehst,
dann bitteschön im Hellen!"

Der kranke Aal

Es kam der Tag, da wurd' dem Aal
das Schwimmen mehr und mehr zur Qual.
Das Schlängeln schmerzte fürchterlich
und so schwamm er zum Doktorfisch.

Nach intensiver Anamnese
riet der zu einer Hüftprothese.
Dem Aal wurde ganz unbehaglich.
Die Diagnose schien ihm fraglich.

Solch Urteil wollt er nicht ertragen
und lieber noch wen anders fragen.
Und so schwamm er zum alten Rochen.
Der hat ganz würdevoll gesprochen:

„Sie haben keinen Grund für Sorgen,
ich kümmere mich drum - gleich morgen.
Ganz sicher kommt's vom rechten Knie!
Wir wissen's nach der Autopsie."

Da ging's dem Aal nicht wirklich besser.
Stattdessen wurd' er blass und blässer.
Er wand um seinen Hals n'en Schal
und schwamm dann hin zum Buckelwal.

Der sprach: „Ei was beklagst du dich?
Du bist ein schöner, schlanker Fisch!
Ich musst' schon immer Buckel tragen
und niemals hörte man mich klagen.

Ich war schon immer ziemlich dick.
Zwar fand das meine Oma schick,
doch als ich liebte einen Hering,
fand sich für mich kein einz'ger Ehe-Ring.

Dem Hering war die Ehe wichtig,
und so wurd' uns're Bindung nichtig.
Seitdem versuch ich's mit Diäten
und plage mich an Sportgeräten."

Dem Aal wurd' dieser Vortrag lang.
Ihm wurde schlecht, ihm wurde bang.
Dann das Gefühl zu explodieren – nur ganz kurz,
Bis ihm entwich ein mächt'ger ....

So wurde ihm der Rat der Ärzte schnuppe:
Es waren Blähungen nach aufgewärmter
Muschelsuppe.
So hat noch manche große „Qual" nur einen
„kleinen" Grund
Und mahnt zu Vorsicht - bei Diagnosen aus
Ärztemund!

Schneckensommer

Wenn Schnecken keck die Hälse recken
und Hecken voller Zecken stecken,
wenn Krähen schwitzend hämisch krächzen
und Echsen unter Sonne ächzen,

(Jetzt versuchen Sie es gefälligst selbst einmal)
Wenn...
Und...
Wenn...
Und...

Wenn Stechgemücke schwirrt in Herden
dann wird es wohl bald Sommer werden.

Ein Floh

Es war einmal ein kleiner Floh,
der lebte ganz inkognito
und auch ganz munter und gesund
auf einem sehr sehr großen Hund.

Der Hund der hatte tolle Haare -
das war nur allerbeste Ware.
Der Floh wusst nicht des Hundes Rasse,
doch fand auch ER das Fell ganz klasse.

In dem konnt er ganz prima wandern -
von einem Ende bis zum andern.
Und auf dem Kopf war er sehr gerne -
mit Aussicht bis weit bis in die Ferne.

Im Winter sprang er dort mal in die Höhe,
doch leider wurde er erfasst von einer Böe.
Vor Schreck war unser Floh erblasst,
Als er von diesem Wind erfasst.

Die blies ihn bis hinauf zu Walter,
der war des Hundes alter Halter.
Er landete auf dessen Kopf
und suchte gleich nach dessen Schopf.

Doch merkte er dann voller Schrecken:
Kein Haar tat diesen Kopf bedecken.
Verzweifelt dachte da der Floh: Oh weh,
trüg er doch wenigstens Toupet!

Die Glatze bot auch keinen Halt
und außerdem war's furchtbar kalt.
Er kroch noch hinter's linke Ohr,
Wo er jedoch alsbald erfror.

Vom Mensch enttäuscht starb so der Floh.
Nun ja – das geht ja vielen so.

Tiere in der Nacht

Die Nacht ist nicht nur zum Schlafen da,
das ist sogar den Tieren klar.
So fürchten Mäuse nachts die Eulen
und manchem Wolf ist nachts zum Heulen.

Ein Wildschein suhlt in grauer Pampe,
'ne Fledermaus umschwirrt 'ne Lampe.
Die Motten hassen Fledermäuse
und wären lieber Panzerläuse.

Ein Zangenkrampf erzürnt 'nen Hummer.
Zwölf Schnecken schieben still 'ne Nummer.
Und unter Rotwilds alten Hirschen
sind Jäger nicht beliebt, die pirschen.

Am Morgen ist der Spuk vorbei -
die Schnecken sind dann nur noch Brei.
Der Jogger war an sich ganz nett,
doch trat er auf das Schneckenbett.

Auch Mäuse fehlen hier und da,
wo manche Eul' erfolgreich war.
Und auch der Fuchs fing manche weg
als sehr geschätzten Mondschein-Snack.

So bringt noch jede Nacht Verlust,
doch ist's den Tieren nicht bewusst.
Denn meistens können sie nicht zählen,
drum tut sie das auch gar nicht quälen.

Ein Häslein

Ein Häslein
knabberte ganz friedlich an einem Gräslein.
Ein Adler auf dem nahen Baum
der hatte andere Pläne.
Doch geb ich diesen hier auch Raum?

Wohl besser, wenn ich alles Weitere
nun doch nicht mehr erwähne…

Die Stumpfmaus

Die Stumpfmaus litt an ihrem Namen.
Der kam nicht gut an - vor allem bei Damen!
Das machte ihr sehr viel Verdruss
und führte schließlich zum Entschluss,
ein neuer Name musste her!
Die Antragstellung war nicht schwer.
Ihr neuer Name klingt viel kesser.
Als Spitzmaus klappt es nun auch
bei den Damen sehr viel besser.

Das Urren

Das „Urren" wird nicht sehr geschätzt
von den Poeten,
doch ist es immer wieder mal von Nöten.
Wie sollten sonst die Katzen freundlich schn-urren?
Die Tauben lieben auch so sehr ihr G-urren
und mancher Hund mag nicht verzichten auf ein Kn-
urren.

Wie kämen Bienen zu den Blüten ohne S-urren.
Nun ja, vielleicht könnt man ja einen Fall entbehren,
auch wenn sich dann die Mürrischen noch mürrischer
beschweren.

Die Erdschieblinge

Eines Tages schrieben die Erdschieblinge einen Brief
an Gott und beklagten, dass ihr Name ihrem sensiblen
Wesen und auch ihrer Arbeitsweise gar nicht gerecht
würde, bei der schließlich auch ihr Kopf eine
wesentliche Rolle spiele.
Gott hatte ein Einsehen und gab ihnen einen anderen
Namen. Und doch gibt es immer noch Maulwürfe, die
nicht zufrieden sind.

Eine Made

Eine sportliche Made
war bei der Olympiade:
Marathon – 200 m – lange Gerade.
Doch dann nach 28 Metern
ein Krampf in linker Wade.
Da half kein Fluchen und kein Zetern:
Das war das Aus...wie schade!

Eine Meise

Es war einmal 'ne Meise,
die sang auf ihre Weise
ganz wunderbar für's Ohr.
Doch als sie sich bewarb beim Chor,
da wurd' sie nicht genommen,
denn sie sang viel zu leise.

Eine Klapperschlange

Eine Klapperschlange wollte singen
und auch den Grammy bald erringen.
Doch sie war ZU gefühlsbeladen,
und das tat der Karriere schaden.

Denn immer wenn sie sich erregte,
ihr hinteres Ende heftig bebte.
Das störte meistens doch den Klang,
wenn sie ausschließlich klappernd sang.

So platzte doch ihr Traum vom Singen,
und dennoch hört man sie noch klingen:
Denn ganz zum Schluss sei noch erwähnt:
Sie klappert nun in einer Band.

Apfel und Mammut

Ich mag ein Apfelbäumchen sein,
mit Blüten voll, doch ohne Früchte.
Die Schönheit wär' mein ganzes Sein
und dass es Äpfel gibt, das sind doch nur Gerüchte.
Es hängt auch kein Mammut am Mammutbaum,
und doch ist er als Baum ein Traum.

Ein Dackel

Ein Dackel sprach zum Schäferhund:
„Ich wette mit dir um zwei Knochen -
ich mach Karriere beim Ballett
in höchstens fünf sechs Wochen."
Der Dackel war jedoch zu fett
und schaffte keine Pirouette.
Und so verlor er seine Wette.

Die Krähen

Neulich ging ich den Hügel hinauf, begleitet vom
Gelächter der Krähen.
Sie scheuten sich nicht in ihren schwarzen Anzügen

auf dem nahen Acker meine Träume zu beerdigen. Sie
lachten, weil sie leichtes Spiel hatten mit dem Weni-
gen, was sie mir hatten stehlen können: Alles.
Vom Kirchturm klang es dumpf herüber, als hielte die
heisere Glocke die Zeit gefangen, die mir noch zuge-
teilt werden sollte.
Dann stand ich oben und schaute zum Horizont, wo
der Sturm der vergangenen Nacht hastig seine Tränen
begrub. Auch der stand nicht zu seinen Gefühlen. Die
Krähen schon. Aber die wollten ihre Weisheit nicht
mit mir teilen.

Löwenzahn

Löwenzahn, ach Löwenzahn,
wie kann man nur so heißen?
Du siehst doch aus so fein und brav
und klingst nach Tod und Beißen.
Als Frühlingsbote ohne Tadel

bist Du am Ende gar von Adel.
Da muss der Name passen -
da braucht es einen bess'ren – keinen krassen.
Drum schlag ich Dir nen netteren vor -
wie wär es mit „Hyänenohr"?

Fuchs und Dachs

Ein Fuchs begegnet einem Dachs
und spricht: „Du, jetzt mal ohne Flachs:
Wo hast Du deinen Anzug her,
wie ich ihn selbst auch sehr begehr.

So'n feines Grau, sogar mit Streifen,
da würd ich auf den Rotrock pfeifen,
den ich seit Jahren nun schon trage,
mit dem ich optisch mich so plage."

Der Dachs spricht: „Ei, was denkst Du Dir?
Du bist wohl doch ein dummes Tier.
Das kann doch jetzt nicht wirklich sein -
Du hältst mein Fell für schön und fein?

Das ist kein Zwirn zum fein Flanieren,
kein Stoff für bessere Manieren.
Das ist ein Overall zum Graben,
damit wir alle Höhlen haben.

Die graben WIR und nicht ihr Roten.
IHR schont doch lieber eure Pfoten.
WIR schaffen Wohnraum für uns alle
mit Arbeitsdress und wunder Kralle.

Gar Könige sind rot gekleidet,
ein König auch die Arbeit meidet.
Ist das denn nicht ein gutes Zeichen,
dass eure Sitten sich so gleichen?

Dein Rot ist wirklich wie von Adel
und gibt ein Bild ganz ohne Tadel.
Du solltest weiter rot dich kleiden,
worum dich alle auch beneiden."

Ganz stolz geht so der Fuchs von dannen,
sieht nicht den Jäger hinter Tannen.
Der Dachs hört noch den lauten Knall
und denkt: Ja, auch ein König kommt zu Fall.

Ein Affe

Ein Affe schwang sich durchs Geäst.
Er wollte noch zum Affenfest.
Doch leider war er schon zu spät -
Defekt am Bananenschälgerät.
Weshalb der Affe dann so rannte
und dabei die Gefahr verkannte:
Er griff nach dem Lianenstrange,
doch das war leider eine Schlange.

Der Pipiich

Der Pipiich war ein hübscher Vogel. Doch litt er sehr
unter seinem Namen. Einerseits klang ihm der zu sehr
nach einer urologischen Auffälligkeit, andererseits
klang ihm dieses betontee ICH am Ende zu sehr nach
Egozentrik…oder gar nach Egoismus. Wo doch schon
der auffällige aufstrebende Federschopf auf dem Kopf
diese Vermutung leider zusätzlich verstärken mochte.
Das alles fand er mittlerweile unerträglich, auch weil
er eigentlich ein ganz bescheidener Geselle und voller
Empathie für andere war. Jedenfalls suchte er auf dem
Namens-Amt eine Alternative – und wurde
schließlich fündig: Jetzt heißt er Kakadu.

Der Rednamalas

Der Rednamalas fand seinen Namen sehr betrüblich,
denn der war weder schön noch üblich.
Die Eule meinte: Sei nicht dumm!
Dreh Deinen Namen doch mal um!
Und das Ergebnis war ganz toll – so fand er,
denn plötzlich hieß er „Salamander".

Ein Spring-Pferd

Es war einmal ein Pferd,
das war extrem begehrt,
denn es konnt ganz toll springen
und oft den Sieg erringen.
Doch irgendwann, da war es leid,
das ewge Springen hoch und weit.
Und eines Tages floh das Pferd
und ist nie mehr zurückgekehrt.

Die Hässlichsau

Die Hässlichsau war ständig sauer.
Sie hatte zwar ganz tolle Hauer,
jedoch ihr Name…echt zum Kotzen.
Drum hörte man sie ständig motzen.
Das war'n die andern Tiere leid -
sie wünschten sich davon befreit.
So schrieben sie 'ne Petition,
die führte schließlich auch zum Lohn:
Die Sau erhielt `nen neuen Namen,
sogar als Urkunde mit Rahmen.
Zwar floss auch HIER ein Makel ein,
doch klang's viel besser: Warzenschwein.

32

Der Kleinstrauß

Der Kleinstrauß war ein sportlicher Vogel,
lauffreudig und lebensfroh. Und er war der erste
australische Vogel, der einen Abschluss in
Elekrotechnik machte.
Aber mit seinem Namen haderte er sehr, da er sich
irgendwie herabgesetzt fühlte gegenüber den
größeren afrikanischen Verwandten. Er wünschte sich
etwas passendes Eigenständiges und so stellte er
bei der Behörde einen Antrag auf Namensänderung.
Der in seinem Antrag gemachten Namensvorschlag
wurde schließlich akzeptiert. Nun heißt er „E-mu".

Rolf der Wolf

Rolf
war ein liebenswerter Wolf.
Er hasste Jagen und das Töten,
wie es zum Fleischerwerb von Nöten.
Viel lieber saß er still am See
bei Butterkeks und Kräutertee.
Dann träumte er gern vom Verreisen,
dorthin, wo Seen nicht vereisen,

wo Winter einen nicht ermüden -
auf jeden Fall in Richtung Süden.
Dann hörte Rolf von Südtirol,
dort fühle man sich immer wohl.
Heut lebt er friedlich und vegan
in Meran.

Die Trottellumme

Wenn Biologen mal einen schlechten Tag haben,
dann lassen sie das durchaus auch an mal Tieren aus.
Es ist allerdings nicht überliefert, ob es in diesem
speziellen Fall nur an einer kleinen Magenver-
stimmung lag oder vielleicht doch am gegnerischen
Anwalt in einer ungünstig verlaufenden Scheidung –
im Fall der Namensgebung… bei der Trottellumme.

Die Torprinzen

Die Torprinzen beklagten sich immer wieder über
ihren Namen und entsandten einen Vertreter zum Rat
der Tiere, wo schließlich über ihr Anliegen debattiert
wurde.
„Was meckert ihr denn?" fragte der Abgesandte der
Igel. „Wer außer euch hat schon einen Adelstitel im
Namen."

Der Vertreter der Spechte stimmte dem Igel zu und
meinte, die Mauerprinzen sollten zufrieden sein.
Schließlich gebe es ja auch Menschen, die mit der
Bezeichnung „Hausmeister" ganz zufrieden wären.
Außerdem stünde ja auch der zweite Teil des Namens
für etwas sehr Großes und Repräsentatives. Das fand
auch eine Grundel, die sich auskannte mit
funktionellen Namen. Wo Grundeln doch als Fische
am Grund des Flusses grundelten. Und so fanden sich
viele Meinungen zum Problem. Bis der kleine
Torprinz erneut daran erinnerte, dass er und seine
Artgenossen doch zu den Allerkleinsten der Tiere
gehörten und dass man doch bitte ihr Anliegen
wohlwollend betrachten möge.
Die weise Eule schaute sich das Ganze eine Weile an,
wiegte dann ihren Kopf einige Male hin und her…bis
sie sprach:
„Wie wäre es mit einem Kompromiss? Wir könnten ja
zum Beispiel bei einem Teil des Namens die Bedeu-
tung etwas mindern und diese dafür beim andern
Teil des Namens etwas erhöhen."
Die Tiere schauten sich an, aber da sie auf die
Weisheit der Eule immer hatten vertrauen können,
zeigte sich rasch und überwiegend Zustimmung zu
diesem Verfahren.
„Hast Du vielleicht auch schon eine Idee, liebe
Eule?" wollte der Hase wissen. Die Eule nickte und
sagte: „Wie wäre es mit „Zaunkönige"?

Schneckenmarathon

Im Rahmen der Verbesserungen bei Gleichstellung und Antidiskriminierungen sind nun endlich auch Schnecken zugelassen bei paralympischen Marathonläufen – jeweils im Dreijahres-Rhythmus. In einem Jahr gehen sie an den Start, im übernächsten Jahr werden dann ihre Zieleinläufe und Zeiten dokumentiert.

Schneckenlanglauf

Für die erstmals ausgetragenen 10.000-Meterläufe für Schnecken-Frauen und -Männer, der sich über fast 5 Monate hinzieht, haben sich ausschließlich Weibchen und kastrierte Männchen angemeldet. Andere sportliche und lauffreudige Männchen begründeten ihren Startverzicht damit, dass sie nicht bereit seien, länger als einen Monat auf Sex zu verzichten.

Pflanzen mit Tiernamen: **Der Elefantendieb**

Der Elefantendieb war eine große und beeindruckende Pflanze. Aber sie empfand ihren Namen als sehr unangenehm, weil sie einen aus ihrer

Sicht ganz falschen Eindruck erweckte und auch unnötig die Aufmerksamkeit auf sie richtete. Über viele Jahre machte sie also Eingaben bei den botanischen Behörden mit der Bitte um einen bescheideneren und weniger Aufmerksamkeit hervorrufenden Namen. Nach dem letzten Wechsel im Vorstand war es dann endlich so weit: Das Namens-Gremium hatte ein Einsehen und sandte mit besten Wünschen die neue Namens-Urkunde. Da stand nun „Bärenklau".

Der Ziegenmelker

Der Ziegenmelker war ein sehr unglücklicher Vogel, weil er sehr dem Spott und der Häme anderer Vögel ausgesetzt war. Ständig hieß es „Wie viele Ziegen hast Du denn?" usw. usw.. Eines Tages machte der Ziegenmelker eine Eingabe an die Behörde für öffentliche Angelegenheiten Abteilung Namensgebung und bat, seinen bisherigen Namen auszutauschen. Sein Name beruhe – und das sei ja nun schon lange hinreichend wissenschaftlich bewiesen – auf einer uralten falschen Annahme, nämlich dass Mitglieder der Familie der nachtaktiven Nachtschwalben in den Nächten am Euter von Ziegen trinken würden. Auf einem solchen Quatsch beruhe nun ein Name eines in keiner Weise mit Ziegen verbundenen

Vogels, der weder mit Ziegen hantiere noch mit ihnen Handel treibe. Es sei doch wirklich an der Zeit, diesen unglücklichen Namen auszutauschen und durch einen plausiblen, nachvollziehbaren Namen zu ersetzen.

Die Antwort auf die Eingabe ließ nicht lange auf sich warten. Es schrieb sogar der Vorgesetzte des Sachbearbeiters. Auch der lehnte das Begehren nach Namensänderung ab und begründetet das damit, dass Plinius der Ältere einer der hervorragendsten Gelehrten des römischen Reiches war und er mit seinem Werk „De naturibus europa" eines der ältesten Standardwerke der Naturgeschichte verfasst habe. Darüber hinaus habe man den Ausführungen klassischer Gelehrter Respekt zu zollen, denn sie könnten sich quasi gar nicht irren.

Der Ziegenmelker verfasste daraufhin einen Widerspruch und wies darauf hin, dass auch Gelehrte durchaus irren würden und auch immer wieder geirrt hätten in der Geschichte. Die Auffassung von Gelehrten im Mittelalter sei auch gewesen, dass die Erde eine Scheibe sei. Und auch 500 Jahr früher habe sich Plinius der Ältere geirrt mit seiner Annahme, Nachtschwalben würden nachts an den Eutern von Ziegen trinken, obwohl sie sich davon ernähren, in der Dämmerung und nachts nächtlich fliegende Schmetterlinge also Motten zu erbeuten.

Außerdem habe Plinius sogar wegen einer noch viel gravierenderen Fehlbeurteilung sogar sein eigenes

Leben verloren, als er den Ausbruch des Vesuvs als nicht gefährlich genug einschätzte und sich zur Beobachtung noch näher an das Geschehen begab.

Das allein sei schon der Beweis, dass er Beobachtungen durchaus fehlinterpretieren konnte.

Der Ziegenmelker erhielt keine weiteren Antworten, auch nicht auf weitere Eingaben an höherer Stelle.

Und so muss er sich bis heute Fragen gefallen lassen wie „Wie heißt denn Deine Lieblingsziege?"

Der Wutaffe

Der Wutaffe realisierte eines Tages, dass ihm sein Name sowohl privat als auch geschäftlich Nachteile brachte. Schließlich holte er Rat ein bei einem Dachs, der eine Zulassung als Anwalt hatte. Der Dachs wollte wissen, wie häufig denn diese Wutanfälle stattfänden. Der Affe versicherte, dass die nur in sehr seltenen Ausnahmefällen zustande kämen.

Meistens ärgerte er sich nur dann, wenn einer aus seiner Horde seine extra von ihm gekennzeichnete Melonenscheibe aus dem Kühlschrank genommen und verzehrt hatte. Aber das wären nur seltene Ausnahmen. Das konnte der Dachs - ein Gourmet mit Vorliebe für französische Weinbergschnecken -

sehr gut verstehen und nahm den Fall an.
Schließlich beantragte er eine Namensänderung nach
Paragraf 12 Absatz 5: Namen, die dem Benannten
Schaden in unzumutbarem Umfang zufügen, dürfen
in begründeten Einzelfällen abgeändert werden unter
der Voraussetzung, dass die in Dokumenten und
Ausweisen vorzunehmenden Änderungen auf ein
Mindestmaß begrenzt werden können.
Dem Antrag wurde auch aufgrund des optischen
Erscheinungsbildes des Affen stattgegeben. Der
wissenschaftliche Beirat sah in dem abstehenden
Haarschopf des Affen einen Ansatzpunkt, um bei
minimalem Eingriff einen anderen Namen
einzusetzen. Seit dieser Zeit hat sich
tatsächlich sowohl die private als auch die berufliche
Situation des Hutaffen deutlich verbessert.

Nachrichten aus der Tierwelt

Zum zweiten Mal ist in Uganda ein Flusspferd beim
Fahrradfahren erwischt worden. Das ist ihnen ja, wie
allgemein bekannt, untersagt, da sie keinen Daumen
zum Klingeln haben,
Inzwischen sind Löwen in den meisten afrikanischen
Restaurants nicht mehr erwünscht, weil niemand

mehr aufräumt, wenn sie die Bedienung gefressen haben.
Ohne Erfolg verlief die Suche nach einem entlaufenen Grottenolm auf Bornholm.

In Kanada und Alaska ist nun Grizzlybären der Zutritt zu Freibädern untersagt, weil sie dort sonst immer im der Bereich der Wasser führenden Rutschen auf steigende Lachse warten.

Erstmalig ist das Betretungsverbot für Stinktiere in Parfümerien aufgehoben worden - auf der Insel Guadeloupe. Dort hat man die Bedrohungslage als niedrig eingestuft, da die Tiere dort gar nicht vorkommen.

Die Eulenplage in der griechischen Hauptstadt hat ein solches Ausmaß angenommen, dass Personen beim Versuch weitere Eulen nach Athen zu tragen mit einem Bußgeld belegt werden.

Ein Warzenschwein in Botswana hat eine Praxis für Schönheitschirurgie mit Spezialisierung auf besonders schwere Fälle verklagt, nachdem es dort abgewiesen worden war.
Jedoch wurde auch die Klage abgewiesen, weil sich auch das Gericht der Auffassung der Praxis anschloss, dass es keinen Zweck hätte.

Was ein Floh mag

Ein Floh mag sehr sehr gerne hüpfen,
jedoch mag er nicht Teppichknüpfen.
Ein Floh kriecht gern herum in Fellen,
im Dunkeln lieber als im Hellen.
Ein Floh mag Katzen und auch Igel,
jedoch auch Collies oder Beagle.
Beim Essen nagt er gern an Haut,
Besteck ist ihm nicht sehr vertraut.
Er isst nur Blut – und das stets frisch,
auch freitags isst er keinen Fisch.

Was ein Hund alles kann

Ein Hund kann vieles apportieren,
weiß jedoch nichts vom Adoptieren.
Zwar ist ein alter Hund sehr treu,
doch ist er dann nicht mehr ganz neu.
Die meisten Hunde tragen Fell,
gedeckte Farben - niemals grell.
Ein Hund trägt ab und zu auch Zecke,
doch weiß man nicht zu welchem Zwecke.
Ein Hund lebt meist nicht gern im Keller
und mag oft keine Postzusteller.
Wenn Hunde voll Gefühlen stecken,

woll'n sie nicht küssen, sondern schlecken.
Beruflich ist ihr Spektrum bunt,
mal Blinden-, mal Lawinenhund.
Mal ist es Rauschgift, das sie schnüffeln.
Mal gilt ihr Schnüffeln diesen Trüffeln.
Sie führen Menschen aus zum Gassi
und spielten Serien als Lassy.
Einmal flog gar ein Hund ins All -
doch fehlten da Bäume für den sanitären Fall.

Die Versammlung der Tiere

Wie in jedem Jahr fand wieder einmal eine
Versammlung der Tiere statt, an deren Ende auch
Klagen und Beschwerden gehört wurden.
Sofort meldete sich lautstark der „Palmendieb" zu
Wort. „So kann es nicht weitergehen mit meinem
diskriminierenden Namen. Ich nehme mir nur ab und
zu mal eine Kokosnuss, weil es sonst nichts zu
fressen gibt auf unseren abgelegenen Inseln im
Pazifik. Aber alle Welt glaubt, dass unsereins ganze
Palmen klaut. Das ist nicht in Ordnung. Ich will nicht
mehr Palmendieb heißen!"
Ein Raunen ging durch die Menge. Dabei wäre die

unauffällige Meldung eines schüchternen „Plumploris" fast untergegangen. Nach langem Zögern traute er sich in diesem Jahr endlich sein Anliegen vorzubringen. Zaghaft berichtete er davon, dass er sich schon seit Jahren vergebens bei „Indonesias next Top-Lori" beworben hatte. Aber niemals habe er eine Einladung erhalten. Durch den Mut des Plumploris angespornt, meldeten sich nicht nur weitere Plumploris, sondern auch etliche „Zwergloris", denen es offenbar ebenso ergangen war. Wer aufmerksam hinschaute konnte allerdings auch bemerken, dass viele weibliche Schlankloris beschämt den Blick gesenkt hatten. Denn SIE hatten IMMER Antworten erhalten oder sogar am Wettbewerb teilgenommen.

Das Beschwerdegremium notierte auch diesen Fall als Punkt 2 nach dem Palmendiebproblem. Und so kam ein Problem nach dem anderen zur Sprache. Irgendwann wurde die „Prinzessin von Burundi" jedoch unruhig. Das war ihr alles viel zu unspektakulär. Sie schüttelte schließlich noch einmal kommentarlos stumm den Kopf und brach auf zu ihrer Rückreise in ihre afrikanische Heimat – in ihre Residenz im Tanganjika-See. Als sich die Versammlung aufgelöst hatte, saßen da immer noch einige Tauben. Sie hatten mal wieder nichts gehört und waren - wie immer - vor Langeweile eingeschlafen.

44

100-Meter-Lauf mit Flöhen

Am Tag der sportlichen Integration durften auch zwei Flöhe am 100-Meter-Lauf der Herren teilnehmen. Als sie jedoch sofort ins Hintertreffen gerieten, wechselten sie spontan vom Laufen ins Hüpfen. Das wurde jedoch vom Sportkomitee als Regelverstoß gesehen und beide wurden disqualifiziert.

Schnecken in Ministerien

Warum arbeiten in Ministerien so viele Schnecken? Weil es erstens nicht auf Geschwindigkeit ankommt, und zweitens gilt Schleimen als Behinderung und muss bei Einstellungen bevorzugt berücksichtigt werden.

Aus die Maus

Unter einem Hochhausdach
weit entrückt vom Straßenkrach
lebte Klaus die stille Maus.
Ihm war jeder Lärm ein Graus.

Eines Tags der Lärm verstummte,
der auf Straßen immer brummte:
Stromausfall, die Ampeln tot
Autofahrer in der Not,

hielten an, um zu beraten.
Das jedoch konnt Klaus nicht raten.
Solche Stille war ihm fremd.
Nur ganz kurz das Fell gekämmt,

trat er dann zum Dachesrand
mit dem Fernglas in der Hand.
Lehnte sich zu weit hinaus,
fiel hinab – und AUS die Maus.

Hunde und Flöhe

Flöhe leben gern mit Hunden,
mit großen wie auch kleinen runden.
Doch unterscheiden sie sich beim Verhalten.
Ein Hund mag Gassi eher horizontal gestalten.

Indes beim Gassihüpfen neigen Flöhe
sowohl nach vorne, als auch in die Höhe.
Doch auch beim Futter sind sie recht verschieden.
So haben Flöhe Trockenfutter stets gemieden.

Auch vegetarisch vertragen sie nicht gut -
und neigen vorzugsweise zu frischem Blut.
Wie gut, dass Hunde diese Sitte meist vermeiden -
sie mögen ihre Halter in der Regel ja auch leiden.
Sonst landete so manches Herrchen auf dem Teller
von dem zuvor von ihm noch sehr geliebten Beller.

Rattenehe (uf Hessisch)

Der Gadde einer Radde
vernaschde gerne seine Holde
wann immer sie dies von ihm wolde!?
Doch als sich dann auch 12 Babyradden
ganz unvähofft eingestellt hadden,
da putzte der Gadde die Pladde…
…wie sie's schon geahnt hadde.

Tiere in der Werbung

Die Adidas-Marketingabteilung hat den
Sponsorenvertrag mit einem jungen Tausendfüßler,
der sich mit besonders guten Zeiten beim Marathon-
Krabbeln hervorgetan hatte, wieder zurückgezogen.
    Denn das Talent war zu den ersten beiden

großen gemeinsamen Werbeauftritten jeweils mehrere Stunden verspätet erschienen, weil es einfach nicht in der Lage war, den Zeitaufwand für das Anziehen der Werbeprodukte richtig einzuschätzen.

Ungünstiger Name

Zu diplomatischen Verwicklungen hat ein Vorfall auf Sumatra geführt, als vor einer Palmölplantage einem Mitglied einer Besuchergruppe von der zur Australien gehörenden Weihnachtsinsel der Zutritt verwehrt worden war.
Obwohl der abgewiesene Palmendieb nachdrücklich beteuerte, dass es sich nicht um seine Berufsbezeichnung handle, sondern lediglich um einen einfachen Namen bezüglich seiner auf Kokosnüssen basierenden Ernährung, gab es kein Einlenken seitens der Verwaltung der Plantage.

Floh beim Boxen

Floh ging in der ersten Runde schon K.O..
Verletzt lag er dann auf dem Boden und dachte an den Rat seines besten Freundes, dass er – anstatt zu kämpfen – besser floh.

Die Mücke

2 Milligramm etwa wiegt eine Mücke,
und doch zerlegt sie meine Nacht in kleine Stücke.
Meinen schönsten Traum zerfetzt sie gern mit feinem
Sirren
und schadenfroh sieht sie mich voller Panik durch das
Zimmer irren.
Doch auch mit wachen Sinnen kann ich sie nicht
finden
und gebe schließlich auf, wenn meine Kräfte
schwinden.
Mit letzter Kraft schaff ich es noch ins Bett zurück.
Und bald schon startet SIE den 2. Akt in diesem
Stück.
Die nächsten Stunden sehen mich verzweifelt suchen,
sie hört mich schimpfen, weinen - meistens fluchen,
wobei die Fantasie von durchbohrter Haut mich plagt
und das vergeblich Tun an meinem Selbstbewusstsein
nagt.
Und immer wieder fängt sie ihr abscheulich Spiel von
Neuem an
Und treibt mich mehr und mehr in den
Verfolgungswahn.
Da sag noch einer, eine Mücke hätte kein Gewicht.
Nach dem zuvor Beschriebenen glaub ICH das nicht.

Eine Amöbe

Eine Amöbe suchte tagelang vergeblich ihre Schuhe. Bis ihr schließlich klar wurde, dass ihr ohne Gehirn ein Bewusstsein für etwas „Fehlendes" gar nicht möglich war. Da ging es ihr besser und sie dachte: Barfuß geht auch.

Ein Hase

Ein Hase beklagte bei einem Freund, dass er eine Notiz nicht mehr wiederfinden könne, die ihm sehr wichtig war. Der Freund hatte die rettende Idee. „Hattest Du nicht neulich erwähnt, Du wolltest Dir etwas hinter die Ohren schreiben?"

Der Wirneumon

Ein allein lebender Wirneumon klagte bei einem Psychater, dass er über keinerlei Selbstbewusstsein verfüge und sich immer ganz schlecht fühle, weil sein Name doch den Anschein erwecke, dass es entweder Teil einer Gemeinschaft sei oder vielleicht sogar – was viel schlimmer wäre - andeute, dass es eine gespaltene Persönlichkeit habe a la Jeckyll and Hyde. Der Psychater hatte schließlich die rettende Idee und befürwortete bei den Behörden eine Namenänderung. Dem Ichneumon ging es dann auch bald viel besser.

Tiere und Konzerne

Ein großer Stromkonzern wollte sein Image verbessern und engagierte einen Fachmann. Der CEO des Konzerns meinte, am besten wäre ein neuer Name mit Tierbezug, da Tiere bei Menschen immer gut ankommen. Jetzt heißt der Konzern Chamäl-EON.

Ein Tausendfüßler

Ein Tausendfüßler beim Orthopäden.
Der fragt: „Welcher ist denn der schlimme Fuß?"
„Äh...keine Ahnung...ich kann nur bis zehn zählen."

Schwierige Fragen aus dem Bereich der Tiermedizin

Reicht bei einer Stachelschweingeburt eine normale Periduralanästhesie-Spritze?

Was bedeutet „Höckerlage" bei einer Kamel-Geburt?
Ist eine in einem Porzellanladen gebärende Elefantin
haftpflichtversichert?
Kriegt eine Geburtshelferkröte Rabatt auf der
Entbindungsstation?
Wann hat eine Brillenschlange Anspruch auf ein
Kassengestell?
Müssen Brüllaffen im Rahmen der Inklusion in
Chören aufgenommen werden?

Bienen-Wächter

Schon seit zwei Wochen ist der Frühlingshimmel
grau. Meteorologen sollten in Baumärkten
Hausverbot kriegen, wenn es bestimmte Farben im
Sonderangebot gibt. Hat nicht noch jemand etwas von
dem wunderbaren Sommerhimmel-Blau vom vorigen
Jahr?
Ich freue mich so unbändig darauf, wieder kleine
weiße Sommerwolken steigen zu lassen.
Und wenn ich dann müde werde, werde ich mich
wieder behutsam ins Gras legen und dem Sirren der
Insekten lauschen, die unablässig ihre Flugdaten
austauschen, um Kollisionen zu vermeiden. Und
wenn ich das schläfrig werde und die Augen schließe,
werden wohl wieder die nahen Blumen neugierig ihre

farbigen Blütenkelche zu mir neigen. Nur der ängstliche Mohn wird wahrscheinlich wieder gerade stehen bleiben aus Angst etwas von seinem kostbaren Rot zu verschütten.

Und wenn mich dann die Bienen fragen, ob sie meinen Schlaf bewachen sollen, werde ich nicht Nein sagen. Aber ich werde ihnen auch sagen, dass sie achtgeben sollen auf Meteorologen mit Sonderangebotsgesicht und Farbeimern in den Händen. DIE sollten sie besser vertreiben…

Tierische Adjektive

Neulich entbrannte in einer Tierversammlung eine Diskussion über die Frage der Verwendung von mit Tieren verbundenen negativen Adjektiven. Vor allem einige Schweine forderten vehement die Abschaffung von Begriffen wie „saublöd" und „saudumm".

Über eine generelle Resolution zur Abschaffung aller solcher tierbezogenen Begriffe kam es jedoch nicht, weil sich doch etliche der anwesenden Tiere ganz zufrieden zeigten mit der Verwendung der auf ihre Spezies bezogenen Begriffe…wie „bärenstark", „pudelwohl" oder „affengeil".

Fünfzehn „klassische" Tiergedichte

Gotthold Ephraim Lessing (1729- 1781)

Die Biene

Als Amor in den goldnen Zeiten
verliebt in Schläferlustbarkeiten
auf bunten Blumenfeldern lief,
da stach den kleinsten von den Göttern
ein Bienchen, das in Rosenblättern,
wo es sonst Honig holte, schlief.

Durch diesen Stich ward Amor klüger,
der unerschöpfliche Betrüger,
sann einer neuen Kriegslist nach:
Er lauscht in Rosen und Violen;
Und kam ein Mädchen sie zu holen,
flog er als Bien heraus und stach.

Johann Wolfgang von Goethe (1749 - 1832)

Die Frösche

Ein großer Teich war zugefroren;
Die Fröschlein, in der Tiefe verloren,

Durften nicht ferner quaken noch springen,
Versprachen sich aber im halben Traum,
Fänden sie nur da oben Raum,
Wie Nachtigallen wollten sie singen.
Der Tauwind kam, das Eis zerschmolz,
Nun ruderten sie und landeten stolz
Und saßen am Ufer weit und breit
Und quakten wie vor alter Zeit.

Heinrich Heine (1797 - 1856)

Der tugendhafte Hund

Ein Pudel, der mit gutem Fug
Den schönen Namen Brutus trug,
War vielberühmt im ganzen Land
Ob seiner Tugend und seinem Verstand.

Er war ein Muster der Sittlichkeit,
Der Langmuth und Bescheidenheit.
Man hörte ihn loben, man hörte ihn preisen,
Als einen vierfüßigen Nathan den Weisen.
Er war ein wahres Hundejuwel!
So ehrlich und treu! eine schöne Seel'!
Auch schenkte sein Herr in allen Stücken
Ihm volles Vertrauen, er konnte ihn schicken
Sogar zum Fleischer. Der edle Hund

55

Trug dann einen Hängekorb im Mund,
Worin der Metzger das schöngehackte
Rindfleisch, Schaffleisch, auch Schweinefleisch
packte -
Wie lieblich und lockend das Fett gerochen,
Der Brutus berührte keinen Knochen,
Und ruhig und sicher, mit stoischer Würde,
Trug er nach Hause die kostbare Bürde.

Doch unter den Hunden wird gefunden
Auch eine Menge von Lumpenhunden -
Wie unter uns – gemeine Köter,
Tagdiebe, Neidharde, Schwerenöther,
Die ohne Sinn für sittliche Freuden
Im Sinnenrausch ihr Leben vergeuden!
Verschworen hatten sich solche Racker
Gegen den Brutus, der treu und wacker
Mit seinem Korb im Maule nicht
Gewichen von dem Pfad der Pflicht -
Und eines Tages, als er kam
Vom Fleischer und seinen Rückweg nahm
Nach Hause, da ward er plötzlich von allen
Verschwornen Bestien überfallen;

Da ward ihm der Korb mit dem Fleisch entrissen,
Da fielen zu Boden die leckersten Bissen,
Und fraßbegierig über die Beute
Warf sich die ganze hungrige Meute -
Brutus sah anfangs dem Schauspiel zu,

Mit philosophischer Seelenruh';
Doch als er sah, daß solchermaßen
Sämmtliche Hunde schmausten und fraßen,
Da nahm auch er an der Mahlzeit theil
Und speiste selbst eine Schöpsenkeul' -
Moral.
Auch du, mein Brutus, auch du, du frißt?
So ruft wehmüthig der Moralist.
Ja, böses Beyspiel kann verführen;
Und ach! gleich allen Säugethieren,
Nicht ganz und gar vollkommen ist
Der tugendhafte Hund - er frißt!

Wilhelm Busch (1832 - 1908)

Bewaffneter Friede

Ganz unverhofft, an einem Hügel,
Sind sich begegnet Fuchs und Igel.

Halt, rief der Fuchs, du Bösewicht!
Kennst du des Königs Ordre nicht?

Ist nicht der Friede längst verkündigt,
und weißt du nicht, daß jeder sündigt,
Der immer noch gerüstet geht?
Im Namen seiner Majestät

Geh her und übergib dein Fell.
Der Igel sprach: Nur nicht so schnell.
Laß dir erst deine Zähne brechen,
Dann wollen wir uns weiter sprechen!

Und allsogleich macht er sich rund,
Schließt seinen dichten Stachelbund
und trotzt getrost der ganzen Welt,
Bewaffnet, doch als Friedensheld.

Hund und Katze

Miezel, eine schlaue Katze,
Molly, ein begabter Hund,
Wohnhaft an demselben Platze,
Hassten sich aus Herzensgrund.

Schon der Ausdruck ihrer Mienen,
Bei gesträubter Haarfrisur,
Zeigt es deutlich: Zwischen ihnen
Ist von Liebe keine Spur.

Doch wenn Miezel in dem Baume,
Wo sie meistens hin entwich,
Friedlich dasitzt, wie im Traume,
Dann ist Molly außer sich.

Beide lebten in der Scheune,
Die gefüllt mit frischem Heu.
Alle beide hatten Kleine,
Molly zwei und Miezel drei.

Einst zur Jagd ging Miezel wieder
Auf das Feld. Da geht es bumm.
Der Herr Förster schoss sie nieder.
Ihre Lebenszeit ist um.

Oh, wie jämmerlich miauen
Die drei Kinderchen daheim.
Molly eilt, sie zu beschauen,
Und ihr Herz geht aus dem Leim.

Und sie trägt sie kurz entschlossen
Zu der eignen Lagerstatt,
Wo sie nunmehr fünf Genossen
An der Brust zu Gaste hat.

Mensch mit traurigem Gesichte,
Sprich nicht nur von Leid und Streit.
Selbst in Brehms Naturgeschichte
Findet sich Barmherzigkeit.

Es sitzt ein Vogel

Es sitzt ein Vogel auf dem Leim,
Er flattert sehr und kann nicht heim.
Ein schwarzer Kater schleicht herzu,
Die Krallen scharf, die Augen gluh.
Am Baum hinauf und immer höher
Kommt er dem armen Vogel näher.
Der Vogel denkt: Weil das so ist
Und weil mich doch der Kater frisst,
So will ich keine Zeit verlieren,
Will noch ein wenig quinquilieren
Und lustig pfeifen wie zuvor.
Der Vogel, scheint mir, hat Humor.

Die Schnecken

Rötlich dämmert es im Westen
Und der laute Tag verklingt,
Nur daß auf den höchsten Ästen
Lieblich noch die Drossel singt.

Jetzt in dichtbelaubten Hecken,
Wo es still verborgen blieb,
Rüstet sich das Volk der Schnecken
Für den nächtlichen Betrieb.

Tastend streckt sich ihr Gehörne.
Schwach nur ist das Augenlicht.

Dennoch schon aus weiter Ferne
Wittern sie ihr Leibgericht.

Schleimig, säumig, aber stete,
Immer auf dem nächsten Pfad,
Finden sie die Gartenbeete
Mit dem schönsten Kopfsalat.

Hier vereint zu ernsten Dingen
Bis zum Morgensonnenschein,
Nagen sie geheim und dringen
Tief ins grüne Herz hinein.

Darum braucht die Köchin Jettchen
Dieses Kraut nie ohne Arg.
Sorgsam prüft sie jedes Blättchen,
Ob sich nichts darin verbarg.

Sie hat Furcht, den Zorn zu wecken
Ihres lieben gnäd'gen Herrn.
Kopfsalat vermischt mit Schnecken
Mag der alte Kerl nicht gern.

Christian Morgenstern (1872-1914)

Das Huhn

In der Bahnhofshalle, nicht für es gebaut,
geht ein Huhn
hin und her...
Wo, wo ist der Herr Stationsvorsteh'r?

Wird dem Huhn
man nichts tun?
Hoffen wir es! Sagen wir es laut:
daß ihm unsre Sympathie gehört,
selbst an dieser Stätte, wo es -- ‚stört'!

Rainer Maria Rilke (1875 – 1926)

Der Panther

Sein Blick ist vom Vorübergehn der Stäbe
so müd geworden, dass er nichts mehr hält.
Ihm ist, als ob es tausend Stäbe gäbe
und hinter tausend Stäben keine Welt.

Der weiche Gang geschmeidig starker Schritte,
der sich im allerkleinsten Kreise dreht,
ist wie ein Tanz von Kraft um eine Mitte,
in der betäubt ein großer Wille steht.

Nur manchmal schiebt der Vorhang der Pupille
sich lautlos auf -. Dann geht ein Bild hinein,
geht durch der Glieder angespannte Stille -
und hört im Herzen auf zu sein.

Wie die Vögel

Wie die Vögel, welche an den großen
Glocken wohnen in den Glockenstühlen,

plötzlich von erdröhnenden Gefühlen
in die Morgenluft gestoßen
und verdrängt in ihre Flüge
Namenszüge
ihrer schönen
Schrecken um die Türme schreiben:
können wir bei diesem Tönen
nicht in unsern Herzen bleiben

Joachim Ringelnatz (1883 - 1934)

Schöne Fraun mit schönen Katzen

Schöne Fraun und Katzen pflegen
Häufig Freundschaft, wenn sie gleich sind,
Weil sie weich sind
Und mit Grazie sich bewegen.

Weil sie leise sich verstehen,
Weil sie selber leise gehen,

Alles Plumpe oder Laute
Fliehen und als wohlgebaute

Wesen stets ein schönes Bild sind.
Unter sich sind sie Vertraute,
Sie, die sonst unzähmbar wild sind.

Fell wie Samt und Haar wie Seide.
Allverwöhnt. – Man meint, daß beide
Sich nach nichts, als danach sehnen,
Sich auf Sofas schön zu dehnen.

Schöne Fraun mit schönen Katzen,
Wem von ihnen man dann schmeichelt,
Wen von ihnen man gar streichelt,
Stets riskiert man, daß sie kratzen.

Denn sie haben meistens Mucken,
Die zuletzt uns andre jucken.
Weiß man recht, ob sie im Hellen
Echt sind oder sich verstellen?

Weiß man, wenn sie tief sich ducken,
Ob das nicht zum Sprung geschieht?

Aber abends, nachts, im Dunkeln,
Wenn dann ihre Augen funkeln,
Weiß man alles oder flieht
Vor den Funken, die sie stieben.

Doch man soll nicht Fraun, die ihre
Schönen Katzen wirklich lieben,
Menschen überhaupt, die Tiere
Lieben, dieserhalb verdammen.

Sind Verliebte auch wie Flammen,
Zu- und ineinander passend,
Alles Fremde aber hassend.

Ob sie anders oder so sind,
Ob sie männlich, feminin sind,
Ob sie traurig oder froh sind,
Aus Madrid oder Berlin sind,
Ob sie schwarz, ob gelb, ob grau, –

Auch wer weder Katz noch Frau
Schätzt, wird Katzen gern mit Frauen,
Wenn sie beide schön sind, schauen.

Doch begegnen Ringelnatzen
Häßlich alte Fraun mit Katzen,
Geht er schnell drei Schritt zurück.
Denn er sagt: Das bringt kein Glück.

Im Park

Ein ganz kleines Reh stand am ganz kleinen Baum
still und verklärt wie im Traum.

Das war des Nachts elf Uhr zwei.
Und dann kam ich um vier
Morgens wieder vorbei.
Und da träumte noch immer das Tier.
Nun schlich ich mich leise - ich atmete kaum -
gegen den Wind an den Baum,
und gab dem Reh einen ganz kleinen Stips.
Und da war es aus Gips.

Frau Werner hieß das Tier

Mein Hund, den ich einmal an Oertners gab,
Weil sie ihn überlieb gewonnen hatten,
Den mußten sie heute bestatten.
Betteten ihn in ein Hundegrab.

Eine Terrierhündin, die vierzehn Jahr
Alt wurde und Kriegskameradin mir war,
Ist sanft und rührend entschlafen.
Nun weinen die Oertners, die braven.

Mich tröstet traurig: So ging's, so geht's.
Hat Bug wie Heck seine Wellen. –
In meinem besten Erinnern wird stets
Etwas wedeln und etwas bellen.

Die Ameisen

In Hamburg lebten zwei Ameisen,
Die wollten nach Australien reisen.
Bei Altona auf der Chaussee,
Da taten ihnen die Beine weh,
Und da verzichteten sie weise
Dann auf den letzten Teil der Reise.

So will man oft und kann doch nicht
Und leistet dann recht gern Verzicht.

Unbekannter Autor

Ein Dackel ist ein Tier, das halb so groß ist wie ein
Hund und doppelt so lang

Anmerkungen zu einigen der zuvor genannten Tierarten
(in alphabetischer Reihenfolge)

Aale:

Männliche europäische Aale tun sich als Machos oft etwas schwer - mit ihren maximal 60 cm Körperlänge gegenüber den bis 150 cm langen und 6 kg schweren Weibchen. Diese kleine psychologische Problematik könnte sich allerdings in absehbarer Zeit erledigen, denn der Bestand des europäischen Aals ist seit dem 1970er Jahren bereits um etwa 98% zurückgegangen. Millionen Südamerikanischer Zitteraale hingegen könnten vielleicht bald Kernkraftwerke ersetzen. Schließlich geben sie mit ihren drei elektrischen Organen bis zu 860 Volt Spannung ab - also deutlich mehr als unsere Steckdose mit ihren 220 Volt.

Affen

Was kann man zu Affen noch sagen? Jeder kennt einen oder ist schon mal einem begegnet - auch außerhalb eines Zoos.
Erstaunlich ist, dass „Lackaffen" - geschniegelte, eitle und aufgeblasene Männer - relativ selten sind.

Trotzdem stehen sie nicht auf der Roten Liste der vom Aussterben bedrohten Arten.

Anders sieht es beim kleinsten Affen unseres Planeten aus, dem im westlichen Südamerika lebenden Zwergseidenäffchen. Der Bestand dieser nur maximal 140 Gramm schweren und bis 15 cm langen Art gilt als gefährdet, da sie zum Zweck der Haustierhaltung stark bejagt werden.

Der mehr als 1.400 mal so schwere Gorilla - zumindest in der männlichen Ausgabe erreicht er 200 kg - im Westen Afrikas hat EINE ausgesprochene Gemeinsamkeit mit den Isländern im Nordatlantik: Von beiden gibt es etwa 370.000 Exemplare. Wobei die Berggorillas mit nur etwa 1.000 Tieren den kleinsten Anteil ausmachen.

Die mit 8 Milliarden absolut häufigsten Trockennasenprimaten - also Menschen - sind auch nicht vom Aussterben bedroht. Also NOCH nicht. Aber es sieht zunehmend besser aus für die Chance, dass wir es vielleicht doch schaffen können, uns über eine weitere Erhitzung und Verdreckung der Welt unsere Lebensgrundlagen zu nehmen und einen brutalen Kollaps unserer Erdbevölkerung herbeizuführen. Ich mache mir sehr große Sorgen angesichts dessen, was ich da auf meine Enkel zukommen sehe.

Die menschliche Gier nach immer mehr Macht und Geld hat uns perverse Wege einschlagen lassen auf Kosten einer intakten Welt. Die wir doch eigentlich nur „geliehen" bekamen mit dem Auftrag, sie auch für nachfolgende Generationen in Ordnung zu halten für ein weiteres lebenswertes Leben.

Erschreckend zu beobachten ist allerdings auch, dass schon in unseren nächsten Verwandten in Ansätzen menschliches Verhalten erkennbar zu sein scheint, wenn wir beispielsweise an das Thema „Aggression" denken.

Wenn wir an Affen denken fallen uns zunächst oft unsere genetisch am nächsten stehenden Verwandten ein, die „Gemeinen Schimpansen". Wie „gemein" sie sein können erlebten Forschende 2019 in einem Schutzgebiet im afrikanischen Gabun, wo eine Gruppe von 27 Schimpansen einmal eine siebenköpfige und einmal eine fünfköpfige Gorilla-Gruppe angriff, bei der sie zwei Gorillajunge erbeuten und töten konnten.

Wobei wir an dieser Stelle nicht unsere anderen und VIEL friedlicheren Verwandten vergessen dürfen: Die Bonobos oder Zwergschimpansen, die jedoch gar nicht so viel kleiner ausfallen mit maximal 61 kg gegenüber den bis maximal 70 kg schweren „Gemeinen".

Die Bonobos sind für zwei herausragende Dinge bekannt: Zu einen leben sie ausschließlich in der Demokratischen Republik Kongo - was für einen Affen auf ein beachtliches politisches Bewusstsein spricht. Zum anderen sind sie sehr viel friedlicher sowohl miteinander als auch mit ihrer Umwelt.

Auffällig ist jedoch, dass sie alle ständig untereinander Sex haben, wobei die Forschenden eine dabei entstehende „Kontakt-Dauer" von im Schnitt nur 13 Sekunden ermittelt haben. Das ist nach menschlichen Ermessen etwa knapp angelegt, aber es reicht bei dieser Spezies offenbar, um eine überwiegend friedliche Atmosphäre zu schaffen. Ob die Bonobos zu diesem „Lösungsansatz" über Meditation gekommen sind oder ob es eher an der Nahrung liegt, hat man noch nicht herausgefunden. Es soll aber schon Vorbestellungen geben, falls es etwas mit Essen zu tun hat.

Amöben:

Amöben oder „Wechseltierchen" sind im wahrsten Sinne richtige kleine Mistviecher. Nur zwischen einem Zehntelmillimeter und einem Millimeter groß und fast überall auf der Welt vertreten, geben sie sich ahnungs- und harmlos, können aber böse auf Menschen einwirken. Obwohl sie nur aus einer einzigen Zelle bestehen, hindert sie das nicht daran schlimme Bakterien mit sich zu führen wie etwa Legionellen. Am schlimmsten sind aber amöbenähnliche Einzeller wie Naegleria fowleri, die gerne in stehenden warmen Gewässern ihre Ferien verbringen. Sie können durch die Nase bis ins Gehirn gelangen und tödliche Hirnhautentzündungen hervorrufen. Sollte also bei ihrem Garten-Pool ihr Großvater als Vorbesitzer das letzte Mal das Wasser gewechselt haben, rate ich ihnen, die Brühe erst mal mit einem ganz feinen Sieb durchzugehen und das Gesiebte abzukochen.

Eulen:

Eulen sind mit etwa 200 Arten auf allen Kontinenten vertreten bis auf die Antarktis. Als größte Eulenart erreichen die größeren Weibchen des Uhus in Nordeuropa bis zu 67 cm Körperlänge und gut 4 kg Gewicht. Bei denen stehen sogar junge Füchse auf dem Speiseplan. An solche Kost wagt sich eine maximal 200 g schwere Kanincheneule aus den Grassteppen Nord- und Südamerikas nicht heran. Dafür fallen sie besonders durch ihre gutes soziales Leben mit Dutzenden von Tieren und durch ihre Pfiffigkeit auf.
Zuletzt fand man heraus, dass die kleinen Eulen dort, wo sie ihren Lebensraum mit den schwergewichtigen Bisons teilen, diese bis zu einer Tonne schweren Kolosse vom Ablegen oder Wälzen auf ihrem Bau- eingang abhalten oder gar verscheuchen, wenn sie Klapperschlangengeräusche nachahmen.

Nilpferde bzw. Flusspferde

Flusspferde fielen mit ihren bis zu dreieinhalb Metern Länge und maximal bis etwa 2,5 Tonnen Gewicht sehr früh heraus aus der Wahl geeigneter Haustiere. Das wiederum verschaffte dem etwas grazileren Dackel einen eindeutigen Vorsprung. Als sich dann auch noch herausstellte, dass die Flusspferde in Afrika mit rund 500 getöteten Menschen im Jahr gefürchteter sind als Elefanten und Löwen, die es jeweils auf nur etwa 100 Todesopfer bringen, waren sie völlig aus dem Rennen für eine heimische Haltung. Dabei ist die Haltungsproblematik im eigenen 5-Meter-Pool hinterm Haus schon allein im Hinblick auf hygienische Aspekte noch gar nicht berücksichtigt.

Flöhe:

Die schlechte Nachricht: Von den weltweit etwa 2400 Floh-Arten kommen auch 72 in Deutschland vor. Die gute Nachricht: Es gibt sowohl Hausmittel für das eigene Haustier wie Hund und Katze (also keine Teppichklopfer mehr anwenden…), als auch verträgliche „Gifte", die auch am Menschen eingesetzt werden können.
Nüchtern betrachtet ist der Floh ein exzellenter

Hochleistungssportler: Während der Mensch als Weltrekord nur das 5fache seiner Körperlänge weitspringt, gelingen dem 3 mm großen Floh ganz 60 Zentimeter, was das 200fache bedeutet. Da kommt man ihm auf der Flucht mit einem schlechten Rollator kaum noch hinterher.

Frösche:

Unter den 6000 Froscharten der Welt gilt der Kubanische Zwergfrosch als der kleinste...und als einer der giftigsten. Zusammen mit Warnfärbung und giftigem Hautsekret macht sich der maximal 1 cm große Zwerg unappetitlich gegen Feinde, die ihn mal eben so im Vorbeigehen verschlingen wollen. Dadurch hat man endlich auch verstanden, warum Elefanten weder Warnfarbe haben, noch giftig sind: Sie sind ohnehin schwer am Stück zu verschlucken.

Füchse

Füchse sind eine Gattung aus der Familie der Hunde – also quasi im Gegensatz zum deutlich größeren ver-wandten Wolf eher klein gebliebene „Wildhunde. Dabei erreichen die Rotfüchse immerhin eine Länge von bis zu 90 cm mit einem dann auch bis zu 55 cm langen Schwanz. Der Kleinste unter ihnen, der

Fennek oder Wüstenfuchs, erreicht maximal nicht mal 40 cm Länge (ohne Schwanz) und kommt auf höchstens 1,5 kg Gewicht. Also weniger als die erwähnte größte Ratte mit ihren bis zu 2 kg. Der Albtraum eines jeden Fenneks.

Füchse haben inzwischen auch durch den Klimawandel auf sich aufmerksam gemacht. Durch die steigenden Temperaturen machte sich beispielsweise auch in Lappland ein Phänomen bemerkbar, nämlich dass die Rotfüchse aus ihrem angestammten Verbreitungsgebiet, dem fast vollständig von nordischem Wald bedeckten Flachland im östlichen Landesteil, zunehmend auch ins Hochgebirge vordringen. Dort verdrängen sie die hier eigentlich beheimateten kleineren und schwächeren Polarfüchse aus ihren Bauen und ihrer Heimat und lassen deren Populationszahlen fallen.

Ein schwedischer Freund aus einem Dorf an der Baumgrenze, der früher auch einmal bis zu 60 Schlittenhunde besessen hatte für seine Wintertouren mit Gästen, wurde vom Staat mit der Bejagung der Rotfüchse im Gebirge beauftragt, um dem Niedergang der Polarfüchse Einhalt zu gebieten.

Da hatten es die einst aus dem Süden kommenden Skandinavier leichter, als sie damals in die nördlichen Siedlungsgebiete der dort schon lebenden Sami vordrangen.

Niemand war da, der die die Sami misshandelnden oder vertreibenden „Südländer" mit einem Gewehr im Staatsauftrag an ihrer Ausbreitung hinderte.

Damals war der Staat noch selbst das Problem, nachdem ab dem 16. Jahrhundert der Druck auf die Urbevölkerung immer mehr zugenommen hatte. Erst in einem Urteil des höchsten schwedischen Gerichts vom Januar 2020 wurde den Sami endgültig das ältere „Gewohnheitsrecht" ihrer ethnischen Volksgruppe als über dem allgemeinen schwedischen Recht stehend anerkannt – vor allem beim Thema Jagd- und Fischereirechte. Ein Durchbruch nach vielen Jahren rechtlichem Kampf.

An dieser Stelle könnte man auch noch sagen - um noch einmal auf das Thema „Tiere" zu kommen - dass die 100-140.000 Sami wie kein anderes Volk in Europa ihr Leben mit Tieren verbunden haben - mit den rund 700.000 überwiegend in Lappland lebenden Rentieren. Die Fleischproduktion ist dabei der größte Faktor, wenn die ansonsten in freier Natur umherziehenden Herden zweimal im Jahr eingefangen und markiert oder aussortiert werden. Die Tiere für den Weihnachtsmann-Schlitten werden jedoch traditionell kostenfrei ausgeliehen.

Hasen:

Kaninchen werden oft mit Hasen verwechselt, dabei sind die Hasen mit 4-6 kg deutlich größer als die nur 1-3 kg schweren Kaninchen, die auch deutlich kürzere Ohren haben mit 7 cm gegenüber den bis zu

14 cm langen Ohrenhasen. Einfacher noch so zu erkennen: Hasenohren sind länger als der Hasenkopf, Kaninchenohren sind etwas kürzer als der dazugehörige Kopf.

Kaninchen können sich in ihre Baue zurückziehen, während Hasen frei in der Feldflur leben und sich deshalb auch ganz auf ihre Tarnung oder auf äußerst schnelle und oft effektive Flucht verlassen. Wenn sie sich mal eine halbe Stunde auf die Verfolgung eines ausgewachsenen Hasen eingelassen haben, werden sie feststellen… dass sie davon schon 20 Minuten in einem Notarztwagen auf Wiederbelebung hoffen.

Hausmäuse:

Hausmäuse sind sehr reproduktiv. Die Mäusinnen - diese Luder - paaren sich in der Regel mit mehreren Männchen und kommen bei guter Nahrungslage auf bis zu acht Würfe im Jahr mit bis zu acht Jungen. Das sind doch insgesamt etwa mindestens mehr als 53 Tiere – Mama und Papa noch gar nicht mitgezählt. Und da der Nachwuchs seinerseits wieder mit 6 bis 8 Wochen geschlechtsreif ist… könnten sich in ihrem freundlicherweise vermieteten Studenten-Dachzimmer nach Bezug durch eine freundliche kleine Mausstudentin im 1. Semester nach einem Jahr über 1000 Mäuse tummeln und sie zwingen, auch noch ihr Wohn- und Schlafzimmer zu vermieten inklusive Küchenmitbenutzung.

Hunde:

Zur Familie der Hunde gehören neben den Haushunden auch alle Füchse und Schakale, Kojoten und Wölfe. Was die Größe der Haushunde angeht, führt derzeit eine Deutsche Dogge in den USA das Ranking mit 1,09 m Widerristhöhe (von den Pfoten bis zur Schulter am Kopfansatz), 2,20 Meter Länge und 111 kg Gewicht. Dabei gelten eigentlich die Irischen Wolfshunde als größte aller etwa vom FCI (Fédération Cynologique Internationale) als europäischer Dachverband anerkannten rund 350 Rassen.

Im Vergleich fällt die kleinste Rasse des Chihuahua mit 15 cm und bis 3 kg Gewicht ziemlich übersichtlich aus. Als Nutztier punkten sie überwiegend als Schoßhund, fallen aber immer wieder durch bei der Schutzhund-Prüfung für Huftierhaltung und bei Hundeschlittenrennen.

Bei letzterer Disziplin taten sich einmal echte Schlittenhunde hervor mit einer unvergessenen historischen Leistung. 1925 brach in der am Beringmeer in Nordalaska liegenden Siedlung Nome eine Diphterieepedemie aus. Die einzige Chance für die infizierten Goldsucher waren Medikamente aus Anchorage im Süden. Die mussten allerdings zunächst auf der einzigen Bahnlinie nach Norden 680 km mit dem Zug transportiert werden, um dann in einem Staffellauf von 20 Mushern mit über 100 Hunden auf den letzten 1090 km nach Nome gebracht zu werden. Für diese Strecke benötigte man normalerweise 3 Wochen. Doch als Schlussfahrer kam der Norweger Gunnar Kaasen mit seinem Leithund Balto nach fünfeinhalb Tagen am 2. Februar 1925 um 5.30 Uhr morgens an. In Erinnerung an dieses Ereignis wird seit 1973 das sogenannte Iditarod-Rennen als längstes Hundeschlittenrennen der Welt über 1850 km durchgeführt. Der aktuelle Streckenrekord von 8 Tagen, 3 Stunden, 40 Minuten und 13 Sekunden wurde 2017 aufgestellt. Das Ganze oft auch bei heftigsten Blizzards, die manchmal einen Windchill von minus 70 Grad hervorrufen. Und das auf einer Strecke, die etwa der von Berlin nach Barcelona entspricht.

Was das Emotionale angeht, ist wohl die Geschichte des japanischen Hundes Hachiko die rührendste mir bekannte. Der Akita-Rüde war 1924 von einem Professor Hidesaburo adoptiert worden. Schnell ergab es sich, dass der Hund an einem Platz vor diesem Bahnhof in Tokio auf den von der Universität zurückkehrenden Professor wartete - jeden Tag.
Doch dann starb der Gelehrte schon ein Jahr später während einer Vorlesung. Dennoch kam der Hund weiter jeden Tag zur selben Zeit zum Bahnhof. Auch als ihn Verwandte des Verstorbenen aufnahmen,

riss er immer wieder aus und wartete noch weitere 10 Jahre auf sein Herrchen bis zum eigenen Tod.
An der bewussten Stelle erinnert noch heute ein Denkmal an den treuen Hund.

Hühner:

Sind sie ganz sicher, dass sie KEIN Haustier haben? Oder haben sie doch ein paar Federn unter ihrem Couchtisch gefunden, die sie nicht zuordnen können? Statistisch kommen schließlich auf jeden Menschen 3 Hühner...aufgrund der geschätzten etwa 20 Milliarden Tiere als Welt-Dauerbestand. Damit sind sie das am häufigsten gehaltene Haustier überhaupt.
Geschlachtet werden dagegen sogar geschätzte 45 Milliarden Tiere pro Jahr. Diese gigantische Zahl wird natürlich nur möglich, weil die Tiere innerhalb weniger Wochen ihr Schlachtgewicht erreichen. Hinweise auf den Beginn der Domestizierung reichen bis zu schriftlichen Nachweisen aus China von 1.400 v.Chr., die zeitlich auch etwa denen aus Ägypten entsprechen. Die Federn unter ihrem Couchtisch? Wohl doch nur ein paar Überreste einer Beute von Kater Felix.

Ichneumone:

Wenn man wie eine unerfreuliche Lungenkrankheit heißt wie der „Ichneumon", dann wundert es nicht, dass diese Mangusten in der Beliebtheit weit hinter der besonders bekannten Verwandtschaft zurückbleiben - den äußerst beliebten Erdmännchen. Dabei wurde der Ichneumon schon von den alten Ägyptern vor rund 4500 Jahren als heilig verehrt und einbalsamiert beerdigt. Das machen ihre US-amerikanischen Nachfahren ja immer noch so - aus Mangel an Ichneumonen mit ihren Hunden. Aber tatsächlich überwältigen die bis 60 cm langen und maximal 4 kg schweren Tiere auch Schlangen. Nach altägyptischem Volksglauben sollen die Racker auch schlafenden Krokodilen ins Maul gekrochen sein, um ihnen dann das Herz herauszureißen. Sollten sie also in ihrem Vorgarten mal eine Cobra- oder Krokodilplage haben, verteilen sie einfach zwei Dutzend Ichneumone auf der befallenen Fläche. Die werden das schon richten.

Katzen:

Als kleinste Wild-Katzenart der Welt gilt die in den Regenwäldern Indiens und Sri Lankas lebende Rost-Katze. Sie wiegt maximal kaum 1 kg.
Dagegen gilt der Sibirische Tiger als größte Katze der Welt, wobei es ein männliches Tier auf 306 kg

Gewicht gebracht haben soll. Der schwerste Afrikanische Löwe - auch ein Männchen - wird mit 272 kg angegeben. Davon kann man jeweils nur EINEN mit auf die Couch nehmen. Vom Futterbedarf wollen wir allerdings nicht reden.

Als teuerste Katze der Welt gilt dagegen die Ashera-Katze, deren Preise bei 15.000 bis 50.000 € liegen sollen. Es soll aber auch Einzelfälle mit mehr als 100.000 € für ein Jungtier gegeben haben, da sie so selten sind und in ihrer Fellmusterung mal an einen Mini-Leopard oder auch an einen Zwerg-Jaguar erinnern.

Krähen:

Wenn sie an Sperlingsvögel denken, dann denken sie NICHT...richtig – an Raben und Krähen. Dennoch sind diese die größten Vertreter in der Ordnung der Sperlings- oder Singvögel. In der Familie der Rabenvögel werden die größeren als Raben und die kleineren als Krähen bezeichnet. Abgesehen vom afrikanischen Erzraben ist hierzulande der Kolkrabe der auffälligste Vertreter mit immerhin 60 -70 cm Körperlänge. Was sie aber ganz besonders bemerkenswert macht ist ihre Intelligenz. Sie verwenden Werkzeuge und nutzen beispielsweise Autoverkehr, um zu geknackten Nüssen zu kommen. Man beobachtete Raben, die die viel weniger benutzte Busspur zum

Nüsseknacken wählten gegenüber den stark
befahrenen Autospuren. Ihre schnelle Lernfähigkeit
erwies sich daran, dass erlernte Erkenntnisse und
Techniken rasch in einem mehrere Kilometer großen
Umfeld ebenfalls angewandt wurden.
Kein Wunder also, dass schon in der nordischen
Mythologie der Rabe die Weisheit symbolisierte und
Gott Odin zwei Kolkraben auf seinen Schultern hatte.
Dem Griechengott Apollon sollen sie heilig gewesen
sein. Und in der Geschichte der Sintflut lässt Noah
einen Raben fliegen, um die Frage zu klären, ob es
irgendwo wieder Land gibt nach der gigantischen
Überschwemmung.
Allerdings haben alle Versuche von Eltern, ihren
Schulkindern mit auf den Schultern befestigten Raben
einen besseren Mathematik-Zugang bei linearer
Algebra, Wahrscheinlichkeits-Rechnung und
Stochastik zu erschließen, keinen Erfolg gezeigt.

Maden:

Maden scheinen zunächst nur die etwas unappetit-
lichen Larven von Zweiflüglern zu sein – wie etwa
von der Stubenfliege. Dabei gehören sie, wie viele
andere Insekten auch, zum Spektrum der etwa 1900
Arten weltweit, von denen sich um die 2 Milliarden
Menschen ernähren, die Grashüpfer grillen, Maden
marinieren und Raupen rösten. Während hierzulande

Holz befallende Rüsselkäfer als Schädlinge angesehen werden, gelten die bis 5 cm langen und 2 cm breiten Sagowürmer als Larven des Palmen befallenden Roten Rüsselkäfers als proteinreiche Kost etwa auf Papua-Neuguinea.
In Südafrika werden jährlich an die 10 Milliarden Mopane-Raupen geerntet, die sich mit knapp 60 Prozent Proteinanteil, viel Eisen und Kalzium und rund 15 Prozent Fettanteil (auf 100g) als gesunde und willkommene Ergänzungskost anbieten. Also wenn das mal keine Ermunterung ist, mal ein paar der weißlichen Maden unter ihrem Mülleimerdeckel abzunehmen und sie ihrem fröhlich aus der Schule heimkehrenden hungrigen Nachwuchs als schnellen crispy Snack auf Toast zu servieren.

Mammute:

Manche Männer wissen überhaupt nicht wie gut sie das haben. Der Hund bringt die Zeitung und die Schlappen und ein/e liebende/r Partner/in stellt mit freundlichen warmen Worten ein fertiges Essen auf den Tisch.
DAS war mal ganz anders...als die Weiber noch die Kerle vor der Höhle ausgesetzt haben mit einem kleinen Einkaufszettel mit nur einem einzigen Wort: „Mammut".
Dann wurde es spannend. Der mit dem kürzesten

Strohhalm musste schließlich das laufende Mammut anspringen, erklettern und würgen, während die anderen von der Seite mit Speeren und Pfeil und Bogen versuchten, das Tier zum Stolpern und Fallen zu bringen.

Na gut, bei den vergleichsweise zierlich ausgefallenen Kreta-Zwerg-Mammuten war das alles vielleicht noch bis mittags zu schaffen. Die waren ja auch nur maximal 1,10 m hoch bei bis zu 310 kg Gewicht.

Bei den „normalen" Ausgaben, wie dem am besten bekannten Wollhaarmammut, konnte die Angelegenheit allerdings knapp werden bis zum Feierabend. DIE kamen immerhin auf bis zu 3,70 m Schulterhöhe und 5 bis 8 Tonnen Gewicht. Das entspricht etwa den größten Exemplaren des Afrikanischen Elefanten, von denen es allerdings ein ungewöhnlich mächtiges Männchen aus Angola auf 4 m Schulterhöhe und 10 t Gewicht brachte. Jedoch gab es noch größere Mammute, wie das nordamerikanische Prärie-Mammut und den eurasischen Südelefanten mit mehr als 4 m Schulterhöhe und bis zu 12 t Gewicht.

Noch etwas anregender wurde das Jagen auf das bis 4,50 m hohe und geschätzt bis 15 t schwere Steppen-Mammut im kalten Asien und Europa. An die will man einfach nicht mehr ran als der, der beim Halmeziehen mal wieder verloren hatte. Aber Drückeberger hatten es bei den Neandertalermädchen dann nicht gerade leicht.

Maulwürfe:

Die meisten Maulwürfe haben es auch nicht leicht. So rund um die Uhr unter Tage arbeiten - und ohne Gewerkschaft. Aber unter den weltweit 50 Arten gibt es auch oberirdisch tätige Tiere wie die wasserbewohnenden Desmane oder einige spitzmausähnliche Arten.
Aber die eher unscheinbaren Tiere sollten schließlich doch eine große Aufwertung und Bekanntheit erlangen. Der 1921 geborene tschechische Zeichner Zdenek Miler erfand 1957 die Zeichentrickfigur „Der kleine Maulwurf", der in 50 seiner 70 Filme die Hauptrolle spielte. So kam sein kleiner Maulwurf sowohl ins Westdeutsche, als auch ins DDR-Fernsehen und machte die von manchen Gartenbesitzern nicht sehr geschätzten Wühler für viele andere zu einem sympathischen Wesen.

Mäuse:

Als kleinste Maus der Welt gilt die sogenannte Etruskerspitzmaus, die im Mittelmeerraum und Asien vorkommt. Sie wird nur 3,5 bis 5 cm lang und wiegt maximal 2,5 Gramm. Ihr Herz schlägt unglaubliche 1500 mal in der Minute – der schnellste Herzschlag überhaupt. Fragen sie besser erst ihren Kardiologen, bevor sie das nachahmen wollen.

Motten:

Es hilft ihnen ja nicht wirklich, dass Kleidermotten zur Familie der Schmetterlinge gehören. Bei Schmetterlingen haben wir einfach ganz besondere Ansprüche an Färbung und Grazie, Flugbild und Haltungsnoten. UND gefälligst ordentliche Essgewohnheiten sollen es auch sein OHNE das Verzehren von Kleidern mit Wollanteil. Schon ein altassyrischer Kaufmann klagte in einer 3000 Jahre alten Keilschrift über 200 verzehrte Kleidungsstücke. Ein freundlicher Zitronenfalter wurde dagegen nicht erwähnt. Wahrscheinlich weil die ordnungsliebenden alten Assyrer an ordentlich gefalteten Zitronen keinen Anstoß nahmen.

Pferde:

Sollte sie jemand als Geldanlage zur Züchtung von schwarzen Goldfischen überredet haben...dann hat man sie getäuscht. Da ist ein neuer Ansatz angesagt. Die Farbe können sie allerdings beibehalten, falls sie sich schon zu sehr dran gewöhnt haben.
Aber sie sollten die Fische gegen Pferde austauschen. Aber dann die Pferde auf keinen Fall ins Wasser stellen! Ich meinte ja nicht Flusspferde sondern Sportpferde. Bei denen geht es manchmal um richtig

große Summen. Wie etwa beim teuersten Spring-Pferd aller Zeiten, dem 2003 geborenen französischen Hengst Phalloubet d'Halong, der schließlich im Alter von 10 Jahren für 13,5 Mill. Euro. verkauft wurde. Bekannter ist hierzulande der ehemals niederländische Hengst Totilas, der als berühmtestes Dressurpferd 2010 für 9,5 Mill. Euro nach Deutschland zu Paul Schockemöhle und Ann-Kathrin Linsenhoff kam.

Nach neuesten Erkenntnissen von Forschern der Universität Toulouse stammt unser „Hauspferd" von Tieren aus der Region der eurasischen Grassteppe etwas nördlich vom Schwarzen Meer bis nordöstlich des Kaspischen Meeres ab. Zwar hatten schon 1300 Jahre zuvor Menschen der sogenannten Botai-Kultur im Gebiet des heutigen Kasachstan Pferde als Nutztiere für Milch und Fleisch und als Reitiere gehalten, doch starb diese Pferdelinie wieder aus.

Dass sich gerade DIESE Pferde gegenüber anderen Rassen durchsetzten, soll an zwei entscheidenden genetischen Veränderungen gelegen haben: Einerseits führte eine Mutation zu einem stärkeren stabileren Rücken, und andererseits entwickelten sich dabei auch Pferde mit einem weniger scheuen Wesen, die sich besser auf Menschen einlassen konnten.

Damit entstand ein für das Reiten wesentlicher Vorteil. Inzwischen gehört das Reiten auch in Deutschland zu einer sehr beliebten Sportart, wobei der Anteil der weiblichen Reiter bei den etwa 1,2 Mill.

regelmäßig und etwa 2,8 Mill. gelegentlich Reitenden bei stattlichen 78 % liegt. Die unbestreitbare Schönheit und Anmut der Pferde lässt allerdings darüber hinwegsehen, dass Reiten statistisch als gefährlicher eingestuft wird als Motorsport und Abfahrtski. Reitende ziehen sich im Vergleich die schwerwiegenderen Verletzungen zu, die im Krankenhaus behandelt werden müssen.

Rund 40.000 Reitunfälle werden in Deutschland jährlich verzeichnet mit einer Inzidenz von 1 Todesfall je 10.000 Reiter. Damit führt Reiten leider die Todesfallstatistik beim Frauensport an – im Freizeitbereich. Verhängnisvoll ist dabei meist der sogenannte Rotationssturz, bei dem das Pferd auf den Menschen fällt. Dringender noch als beim Radfahren wird hier auch ein Helm angeraten, weil es sich auch oft um Kopfverletzungen handelt. Aber schön sind sie schon – vom kleinsten Fallabella-Pferd mit nur 70 cm Größe bis zum riesigen Shire-Horse mit 2,10 m Stockmaß und mehr als 1 t Gewicht.

Plumploris, Schlankloris und Zwergloris:

Diese zu den Primaten zählenden Tiere aus den Regenwäldern Südostasiens erreichen lediglich Größen von 18-38 cm. Ihre großen Augen verraten sie als nachtaktive Tiere. Ihr friedlicher Charakter und ihr putziges Aussehen wird leider in Touristenhochburgen dazu benutzt, sie als Fotoobjekt anzubieten, so dass die Tiere in großer Zahl in der Natur gefangen werden.

Prinzessin von Burundi:

Es handelt sich um eine ausschließlich im afrikanischen Tanganjikasee vorkommende Buntbarschart mit dem wissenschaftlichen Namen Neolamprologus pulcher. Der hübsche anmutige Körperbau mit den großen durchscheinenden Flossen hat ihr auch den Namen Feenbarsch oder Gabelschwanzbarsch eingebracht. Die Tiere leben an der felsigen Küste des Sees und legen zwischen 20-60 Eier in Höhlen oder Spalten ab, die beide Elternteile auch bewachen und schützen.

Ratten:

Bei Ratten, die mit 65 Arten auf der Erde leben, müssen wir völlig umdenken. Neben den bei uns bekannten schwarzen Hausratten und den eher grauen Wanderratten, die zwischen 200 bis 500 Gramm schwer

werden, hat man nun auch noch eine „Riesenversion"
auf Neuguinea gefunden – die Mallomys Baumratte,
die bis zu 2 kg wiegt.

Und jetzt wird es spannend: Im Gegensatz zu ihrem
bei uns eher schlechten Ruf werden sie in Asien
durchaus hoch angesehen und werden beispielsweise
bei den indischen Hindus als Symbol für Intelligenz
angesehen. In China stehen sie auch für Ehrlichkeit
und Kreativität.

Ratten gelten darüber hinaus in Asien und Afrika als
geschätzte Fleischlieferanten. Auf den Phillipinen
wird Rattenfleisch in Dosen in Supermärkten ange-
boten.

Im vietnamesichen Mekongdelat sollen Anfang der
2000er etwa 3.600 Tonnen Rattenfleisch produziert
worden sein, wobei Rattenfleisch auch traditionell zu
einem südvietnamesischen Hochzeitsmahl gehört.

Verständlich wird das auch durch den Umstand, dass
in Reisfeldern lebende Wild-Ratten mit Reis und Obst
als Nahrungsgrundlage ein mageres und an Omega-3-
Säuren reiches Fleisch haben.

Bevor sie also angesichts der besonders ge-
sunden Säuren in ihrem Gartenteich eine Lachszucht
aufziehen wollen, sollten sie vielleicht einfach nur
ihre Goldhamster entlassen und auf Ratten umsteigen.

Schlangen:

Die fast 4000 Arten von Schlangen stammen ursprünglich von echsenartigen Vorfahren ab. Warum sie sich dann allmählich von Ärmchen und Beinchen verabschiedet haben, ist schwer zu sagen. Durch dichtes Unterholz kommt man wohl besser schlank und schlängelnd. Und die lästige Nagelpflege fällt weg.
Auffallend ist jedenfalls zunächst ein Unterschied der Schlangen bei zwei markanten Dingen: Zunächst einmal was ihre Größe angeht, die bei 10 cm bei der Schlankblindschlange anfängt und bis zu authentisch vermessenen 6,95 m bei einem Netzpython auf Borneo reicht, wobei große südamerikanische Anakondas knapp dahinterliegen.
Der andere große Unterschied liegt bei der Aufteilung in Schlangen MIT Gift und denen OHNE. Etwa 600 giftige Arten sind bekannt, von denen etwa 50 als für den Menschen tödlich angesehen werden, die immerhin pro Jahr auch für Zehntausende Todesopfer verantwortlich sind mit Schätzungen zwischen 20-90.000. Dabei ist zwar wohl bei vielen die berüchtigte Kobra DAS Synonym für gefährliche Giftschlange schlechthin. Aber bei der Giftigkeit schlägt der australische Inlandtaipan alle: Sein Gift ist 50 mal stärker als das einer indischen Kobra und gar bis zu 850 mal stärker als das einer Diamantklapper-

schlange. Also würde ich Ihnen auf jeden Fall eher zu einer Begegnung mit einer Klapperschlange raten, die überdies auch noch freundlicherweise warnend klappert, bevor sie zubeißt.

Schmetterlinge:

Sagenhafte 160.000 Schmetterlingsarten gibt es weltweit, die durch ihre unzähligen wunderschönen Farb- und Gestaltungsformen wohl jedes Auge entzücken. Für Deutschland werden immerhin noch 3700 Arten genannt. Ihre Schönheit hilft ihnen allerdings nicht beim Thema „Alter", da ihnen lediglich zwischen einem Tag und dreizehn Monaten Lebenszeit zugestanden sind. Unser besonders schöner Schwalbenschwanz lebt beispielsweise gerade mal 6 Wochen als Raupe und nur noch weitere 3-4 Wochen als fliegender Schmetterling. Auf der anderen Seite werden laut Wikipedia noch in jedem Jahr 700 neue Arten entdeckt. Allerdings fast ausschließlich in noch nicht vollends erforschten Gegenden tropischer Regenwälder. Also erwarten sie nicht zu viel bei ihrer nächsten eigenen Exkursion im abgestorbenen Fichtenwald um die Ecke.

Schnecken:

Die Kleinsten werden nur einen halben Millimeter groß, die Größten dagegen 90 cm lang. Das Gift der Landkartenkegelschnecke im indonesischen Meer kann auch für Menschen tödlich sein. Aber was sind schon ein paar tote Taucher gegenüber 700 Millionen jährlich verspeisten Weinbergschnecken allein in Frankreich. Diese immerhin rund 25.000 Tonnen liegen doch überraschend deutlich über meinem gefühlten eigenen Gummibärchen-Konsum.
Was die „Schnelligkeit" von Schnecken angeht: Bei einer Geschwindigkeit von 4,2 m je Stunde braucht eine Schnecke also gute 10.046 Stunden für einen Marathonlauf. Das sind umgerechnet mehr als 418 Tage bzw. knapp 14 Monate – was bei den Bestzeiten natürlich nur Schnecken gelingt, die vorher viel meditieren und dann in dieser Zeit auf Fressen und Austreten verzichten können.

Spechte:

Was die etwa 200 Arten von Spechten abgesehen von ihrem Aussehen vor allem von anderen Vögeln unterscheidet ist ihr berühmtes Klopfen - bis zu 20 x je Sekunde. Diese mit bis zu 25/kmh ausgeführten

Kopfschläge nach vorn entwickeln dabei beim Aufprall eine Kraft von bis zu 1200 g - also einige hundertmal mehr Verzögerung als sie Astronauten aushalten müssen. Das geht mit kaum vorhandener Gehirnflüssigkeit und mit einer speziellen Schädelmuskulatur, die den Kopf absolut gerade fixiert, so dass es zu keinen Querbelastungen beim Aufprall kommt.

Ein Lob an die Designer moderner Kühlschränke, die irgendwann vom Aufhacken auf Aufziehen umgestellt haben - gegen das Meckern der Orthopäden-Lobby.

Sprotten:

Die so harmlos daherkommenden und zu den Heringen zählenden Sprotten, die ihre schlanken 12 – 20 cm langen Körper ausschließlich mit Plankton ernähren, werden hierzulande als Speisefisch sehr geschätzt. Dabei können sie gerade in geräucherter Form mit ihrem sehr hohen Puringehalt einen Gichtleidenen zur Selbstamputation treiben, wenn der Schmerz etwa in einem befallenen großen Zeh explodiert. Wie übellaunig das einen machen kann, zeigt sich bei dem 1547 verstorbenen englischen König Heinrich VIII., dessen Gichtleiden überliefert ist. Der ließ nicht nur 70.000 seiner Untertanen hinrichten, sondern auch zwei seiner Ehefrauen.

Tausendfüß(l)er:

Weltweit gibt es mehr als 16.000 Arten von Tausend-
füßern. Aber letztlich sind das alles kleine Angeber.
Denn nur die erst 2021 in Australien entdeckte
Spezies „Eumillipes persephone" hat tasächlich mehr
als 1000 Beine – sogar 1306. Alle anderen sind
Hochstapler, auch unsere 243 deutschen Arten
bleiben deutlich unter 1000. Aber irgendeinen Vorteil
muss es wohl haben - dieses Übertreiben...vielleicht
beim Wohngeld oder beim Rabatt für Fußabtreter.

Trottellummen:

Trottellummen gehören zusammen mit den Dick-
schnabellummen zur Familie der Alkenvögel. Die von
ihrer Größe mit Stockenten vergleichbaren Tiere ha-
ben ihre Brutgebiete an den Küsten des Nordatlantiks
und Nordpazifiks und an den Eismeerküsten. Eine der
größten Kolonien findet sich auf der kanadischen
Funk Island mit geschätzten 400.000 Tieren.
Ihren Namen verdanken sie dem Umstand, dass sie
statt auf den Zehen auf ihren Fußwurzeln laufen, was
ein etwas instabil-wackeliges „trotteliges" Watscheln
ergibt. Zwar an Land nicht sehr elegant, sind sie im
Wasser sehr gewandt. Denn Schwimmen und Tauchen
können sie hervorragend. Zunächst stecken sie den

Kopf ins Wasser und beobachten die Fische, bevor sie bis zu 180 Meter in die Tiefe tauchen – maximal 2 Minuten lang.

Leider werden ihnen bei solchen Tauchgängen immer wieder auch Netze zum Verhängnis. Bei der einzigen mitteleuropäischen Kolonie auf Helgoland ergaben Untersuchungen, dass von 100 aufgefundenen toten Jungvögeln 2 der Jagd und 42 der Fischerei zum Opfer fielen und weitere 24 an ölverschmutztem Gefieder zugrunde gingen.

Selbst bei gereinigten Öl-Opfern in Großbritannien lag die Sterberate bei 99,4 %. So sterben bis zur Geschlechtsreife von 100 ausgeflogenen Trottellummen etwa 60 bis 80 Tiere. Damit eine Population zumindest konstant bleibt, müssen wenigstens 24 Tiere je 100 die Geschlechtsreife erreichen. Dabei wird die Erwärmung des Meeres ein weiteres und zunehmendes Problem für die Tiere. In mehreren Jahren wurden an nordischen Küsten Zehntausende verhungerte Tiere angeschwemmt, weil ihre Beutefische ausgeblieben waren, die ihrerseits im zu warmen Meerwasser nicht ausreichend Plankton als Futtergrundlage gefunden hatten.

Vögel:

Was macht Tiere dazu, dass man sie als „Vögel" bezeichnet? Man hätte ja geradezu selbst darauf kommen können: Flügel, Federn und Schnabel.

Laut Wikipedia existieren derzeit etwa 18.000 verschiedene Arten von Vögeln auf unserer Erde, die nach den Berechnungen australischer Wissenschaftler einen weltweiten Gesamtbestand von etwa 50 Milliarden Tieren ergeben.

Wahrscheinlich würden viele Menschen sogar richtig tippen bei der Frage nach dem am häufigsten vorkommenden Piepmatz – und es ist tatsächlich der Spatz oder Haussperling mit geschätzten 1,6 Milliarden Individuen, gefolgt vom Star mit etwa 1,3 Milliarden Tieren.

Diese ansehnlichen Zahlen vermitteln einen falschen Eindruck bezüglich der Stabilität und Existenzfähigkeit vieler anderer Vogelarten. Bei etwa 12 % der Arten existieren nur noch weniger als 5000 Exemplare. Bei vielen Arten ist es jedoch noch viel dramatischer. Beim australischen Schwarzbrust-Laufhühnchen geht man von nur noch 100 Exemplaren aus. Und bei dem im Nordosten von Afghanistan nach 140 Jahren wiedergefundenen Großschnabel-Rohrsänger sind es wohl noch weniger Tiere, die möglicherweise kurz vor dem Aussterben stehen.

Was die Größe von Vögeln angeht, reicht das Spektrum enorm weit, vom kleinsten Vogel der Welt, der kubanischen „Bienenelfe" (auch Hummelkolibri" genannt) mit 5-7 cm Körperlänge und 1,8 Gramm Gewicht - kann man so etwas überhaupt „Gewicht" nennen – bis zu einem vergleichsweise monströsen 75.000 mal schwereren männlichen afrikanischen Strauß (also maximal 135 kg) bei bis zu 2,50 m Höhe.

Man weiß nicht genau, an welchem Tag sich Strauße das Fliegen abgewöhnt haben. Übergewicht geht also offensichtlich auch in afrikanischer Savanne und ohne amerikanisches Fastfood. Aber wo liegt das „Einstiegsgewicht" für Flugfähigkeit? Bei meinen Selbstversuchen mit 79 kg – also noch deutlich unter Straußenniveau – konnte ich auch noch nie völlig selbstständig abheben. Dafür musste ich dann doch Flugzeuge oder Helikopter nutzen. Das „Abwärtsfliegen" ging dann deutlich besser. Aber es brauchte eben auch immer eine gut gefaltete Aufschlagbremse auf dem Rücken. Aber wo liegt dann tatsächlich die obere Gewichts-Grenze für die Flugfähigkeit? Aktuell bringen die bis 19 Kilogramm schweren afrikanischen Riesentrappen das größte Vogel-Fluggewicht an den Start und in die Luft. Der absolute Oberflieger ist dagegen der mit bis zu 7 Kilo vergleichsweise leichte Wanderalbatros, der es aber auf bis zu dreieinhalb Meter Flügelspannweite bringt – knapp vor dem Andenkondor. 90 % seines Lebens verbringt dieser Albatros draußen auf den Meeren und kommt nur alle 2 Jahre zum Brüten an Land, wo er dann mit seinem Lebenspartner fürs gesamte bis zu 80jährige Leben ein einzelnes Junges ein Jahr lang aufzieht.

Nach so vielen beeindruckenden Erkenntnissen zur wunderbaren Vogelwelt lass ich den unerfreulichen Hinweis auf die auf den Galapagos lebenden Vampirfinken einfach mal weg. Nur DAS so ganz kurz am Rande: Die mussten sich wegen Wassermangels etwas Neues einfallen lassen um nicht zu verdursten und haben sich bei einer Abstimmung für das vorsichtige Anknabbern anderer Vögel zum Zwecke einer überschaubaren Blutgewinnung entschieden.

Was soll man denn auch machen, wenn einen die Eltern auf einer wasserlosen Insel mitten im Pazifik ausbrüten und dann aus dem Nest werfen mit einem zynischen „Dann sieh mal zu…!"
Damit wird aber auch eines klar: Sie sollten auch ihrem eigenen Kanarienvogel ausreichend Wasser reichen und ihn nachts nur bei geschlossener Schlafzimmertür frei fliegen lassen.

Wölfe:

Das Thema „Wolf" ist bekanntermaßen ein sehr emotionales. Das in aller Breite zu vertiefen ist hier nicht der Raum. Aber einige Fakten weisen in eine deutliche Richtung: Wölfe sind keine unberechenbaren Bestien, die jede Möglichkeit nutzen um Menschen anzugreifen oder zu „erbeuten". Augenscheinlich wird das schon bei einer einfachen Gegenüberstellung von Zahlen für Deutschland:

In unserem mit 82 Mill. Menschen nicht gerade menschenleeren Land leben seit ihrer Rückkehr um das Jahr 2000 inzwischen wieder rund 2.000 Wölfe. Damit einher ging zwar einerseits eine immer größer werdende Zahl von getöteten Weidetieren, aber Attacken auf Menschen blieben bis heute aus, was aber wohl nicht an einem Mangel an Menschen liegen kann.

Nur ein spezieller Wolf mit dem Namen Kurti, der immer weniger Distanz zu Fahrzeugen und Menschen einhielt, wurde schließlich 2016 erlegt, um einen sich daraus eventuell ergebenden problematischen Kontaktverlauf gar nicht erst zuzulassen. Weltweit gibt es allerdings schon einige Fälle von durch Wölfe getötete Menschen, wie vom Norwegische Institut für Naturforschung 2021 veröffentlicht.

Die Forscher fanden für den Zeitraum zwischen 2002 und 2020 insgesamt 489 eindeutig belegbare Fälle mit angegriffenen Menschen in Kanada, USA, Kroatien, Polen, Italien, Iran, Irak, Israel, Indien, Kirgistan, Türkei, Kasachstan, Ukraine, Belarus, Moldawien, Russland, Mongolei, Armenien, Aserbeidschan, Tadschikistan und Saudi Arabien. Sie unterschieden dabei in 67 räuberisch-jagdliche

Angriffe (9 tödlich), 380 Angriffe unter Tollwut (14 tödlich) und 42 Angriffe provoziert durch den sich nähernden Menschen als Abwehrreaktion (3 tödlich).

Zu diesen in den 18 untersuchten Jahren gefundenen und eindeutig bewiesenen 26 durch Wölfe getöteten Menschen weltweit gehört natürlich noch eine gewisse Dunkelziffer.

Umso interessanter scheint mir nun aber auch eine andere Zahl: Laut der Deutschland-Statistik wurden in unserem Land genau diesem Untersuchungszeitraum von 18 Jahren NUR insgesamt 59 Menschen durch Bisse von Haushunden getötet – 3,3 Tote pro Jahr. Allerdings hatten wir im Jahr 2021 in Deutschland auch rund 10 Mill. Hunde. Wie viele Todesopfer es durch die gut 16 Mill. deutschen Katzen gibt habe ich noch nicht gefunden.

Würmer:

Regenwürmer – zwischen 2,5 cm und über 2 m lang (in Australien...da tun mir die Amseln leid) haben eine gewaltige Bedeutung für gesunde Böden. Charles Darwin wies bereits in einem 1881 erschienenen Buch mit einer Berechnung nach, dass Regenwürmer in England jährlich auf einem sechs Hektar großen Landstück ein Gewicht von mehr als 25.000 kg Erde an die Oberfläche bewegen und dadurch eine ganz erhebliche Durchmischung der Bodenschichten bewirken, wobei der Untergrund gleichzeitig mit Humusstoffen angereichert wird, weil sie auch Blätter in ihre Röhren ziehen und verarbeiten.

Ziegenmelker:

Die etwa amselgroßen Ziegenmelker gehören zur Familie der Nachtschwalben und damit ist auch schon ihre nächtliche Aktivität angedeutet, da sie fliegend nächtlich schwärmende Insekten wie Motten erjagen, während sie tagsüber mit exzellenter Tarnung längs auf Ästen ruhen, wo sie mit ihrem rindenfarbigem Federkleid kaum auszumachen sind.

Bisher erschienene Bücher/Bildbände:

Text-/Bildbände

- *Weite des Nordlichts – Lappland.* Rombach Verlag, Freiburg 1989
- *Des Menschen Seele gleicht dem Wasser.* arsedition, München 1991
- *Zwischen Schatten und Licht.* Kiefel, Wuppertal 1991
- *In der Stille wächst die Kraft.* Groh Verlag, Wörthsee 1994
- *Hiljaisuudessa kasvaa voima.* alle Fotos, Sley-Kirjat, Helsinki 1995
- *Schweden.* Umschau-Verlag, Frankfurt 1993
- *Skandinavien.* Belser Verlag, Stuttgart 1995
- *Finnland.* Stürtz Verlag, Würzburg 1995
- *Skandinavien.* Weltbild Verlag, Augsburg 2005
- *Herzwehen.* BoD Verlag, Norderstedt 2009
- *Traumland Eifel.* Regionalia Verlag, Rheinbach 2012
- *Die eindrucksvolle Geschichte d. Eifel.* Regio.Verlag, Rheinb. 2013
- *Die Eifel für das ganze Jahr.* Regionalia Verlag, Rheinbach 2016

Kriminalromane

- *Mordwald.* Emons Verlag, 2011, ISBN 978-3-89705-816-3.
- *Tod am Laacher See.* Emons Verl. ,2012, ISBN 978-3-95451-014-6.
- *Bitburger Blut.* Emons Verlag, 2014, ISBN 978-3-95451-382-6.
- *Zwischen Eifel und Hölle.* Emons Verlag, 2017, ISBN 978-3-7408-0080-2.

Gedichtbände

- *Honigmuscheln.* 90 Gedichte und Geschichten, Eifelbildverlag, Daun 2015, ISBN 978-3-9814113-8-6.

Hans Jürgen Sittig
Krimis - Sachbücher - Photographie/ hans.juergen.sittig@gmail.com
www.hans-juergen-sittig.de
www.eifelkrimi-autor.de